3주 만에

끝내는
영문법

3주 만에
끝내는
영문법

정효숙 지음

머리말

1. 이 책의 목적

이 책은 영문법에 대한 기초를 다짐으로써 독해 실력 향상뿐만 아니라 영어회화도 정확히 하며, 무엇보다도 중, 고등학교 학생들의 시험 준비와 그 외에 TOEIC, TOEFL 등 모든 영어 관련 시험 대비를 하는 데 도움을 주고자 만들었다.

2. 내용

이 책의 내용은 크게 입문편과 품사편으로 구성하였다. 입문편은 문장의 구조, 문장의 기본 5형식, 문장의 종류를 수록하였고, 품사편에서는 각 품사를 정확하게 정의하고 거기에 따르는 용법을 정리하였다. 기본적인 문법을 실용적인 예문과 그에 대응하는 설명을 함께 제시하여 쉽게 이해할 수 있도록 하였다. 관련하여 충분한 연습문제를 통해 문법 학습 이해도를 점검하고 있다.

3. 대상

이 책은 영어 문법에 기초가 없는 사람, 영어를 정확히 이해하지 못하는 사람 등 영어에 관련된 문법을 체계적으로 알기를 원하는 사람을 위해 쓰였다.

4. 학습방법

하루에 한 chapter를 공부하여 20일 이내에 이 책을 마스터하는 것이 바람직하다. 그 후에 연습문제를 반복해서 풀어보면서 문법에 대해서 자신감이 생길 수 있으리라 믿는다.

끝으로 이 문법책이 영어 학습 의욕을 높여주고 이를 바탕으로 총체적인 영어 실력을 쌓는 데 많은 도움이 되기를 간절히 바란다.

목차

PART

1

입문편

01

문장의 구조

① 주부(Subject)와 술부(Predicate)

영어에서 가장 중요한 것은 주부와 술부를 가려낼 줄 아는 일이다. "…이(가, 는, 은)"와 같이 주제가 되는 부분이 주부이며, 이 주부에 관하여 "…하다(이다)"와 같이 동작, 상태 등을 말하는 부분이 술부이다. 영어의 어순의 기본은 「주부+술부」이다.

주부	술부
She 그녀는	was a famous American writer. 유명한 미국 작가였다.
Their games 그들의 게임들은	are very interesting. 매우 재미있다.

② 주어와 술어동사

주부의 중심이 되는 말은 주어(subject), 술부의 중심이 되는 말은 술어동사(predicate verb)이다.

주부	술부

All the **work** which he had done **seemed** to have been wasted.
　주어　　　　　　　　　　　　　　술어동사

그가 했던 모든 일들이 헛된 것 같았다.

주어가 되는 것은 주로 명사, 대명사이고 명사의 구실을 하는 어구(명사 상당어구)일 경우도 있다. 술어동사가 되는 것은 주로 동사이므로 간단히 동사(verb)라고도 한다.

③ 목적어(Object)와 보어(Complement)

술부에는 술어동사 이외에 목적어와 보어를 필요로 하는 경우가 있다. 목적어는 「~을,~에게」로 해석하며, 술어동사가 나타내는 동작의 대상이 되는 말로서 주로 명사, 대명사이다. 술어동사의 뜻을 보충해주는 문장의 요소를 보어라고 하며, 명사, 대명사, 형용사 따위가 보어로 될 수 있다.

He left **Seoul** yesterday. 그는 어제 서울을 떠났다.
　　　목적어

Seoul is a new **city** compared with the 5,000 year old history of Korea.
　　　　　　보어
서울은 한국의 5,000년 역사와 비교해서 새 도시이다.

They made him <u>busy.</u> 그들은 그를 바쁘게 만들었다.
　　　　　　　보어

4 구와 절

(1) 구(Phrase): 몇 개의 단어가 하나의 품사 역할을 하는 것이다.

① **명사구**: 주어, 목적어, 보어 역할을 한다.

To master English in a short period is impossible. (주어 역할)
짧은 기간 안에 영어를 숙달하는 것은 불가능하다.

I enjoyed **playing baseball**. (목적어 역할)
나는 야구하는 것을 즐긴다.

② **형용사구**: 명사를 수식하거나, 보어로 사용된다.

Look at the flower **on the table**.
테이블에 있는 꽃을 보아라.

I like the picture **on the wall**.
나는 벽 위에 있는 그림을 좋아한다.

③ 부사구: 형용사, 동사, 부사 또는 문장 전체를 수식하며, 장소·시간·방법·정도 등을 나타낸다.

The cat is sleeping **in my room**.
고양이가 내 방에서 자고 있다.

We eat dinner **at seven o'clock**.
우리는 저녁을 7시에 먹는다.

Walking slowly, we talked about many topics.

천천히 걸으면서 우리는 많은 주제에 대해 이야기했다.

④ **동사구**: 주로 동사(+명사)+전치사 [부사] 형태로 되어 있다.

She **looked at** me.

그녀는 나를 보았다.

A bus **ran over** a dog.

버스가 개를 한 마리 치었다.

She **took care of** her sister.

그녀는 여동생을 돌보았다.

(2) **절(Clause):** 절은 두 개 이상의 단어가 모여 문장의 일부를 이루며 절 자체에 주부와 술부가 있다.

① **접속사** and but 등으로 연결된 절

He worked hard **and** he became rich.

그는 열심히 일했다. 그리고 그는 부자가 되었다.

Today is Sunday, **but** I have to work.

오늘은 일요일이다. 그러나 나는 일하러 가야 한다.

② **명사절**

She says that **the man is kind**.

그녀는 그 남자가 친절하다고 말한다.

The problem is that **I don't have time**.

문제는 내가 시간이 없다는 것이다.

③ 부사절

When I look at him, he smiles at me.

내가 그를 볼 때 그는 나를 보고 웃는다.

I can go out **after my mom comes home**.

엄마가 집에 온 후에 나는 밖으로 나갈 수 있다.

EXERCISE 01
다음 밑줄 친 부분이 명사절인지 부사절인지 구분하시오.

1. I stay home <u>because it rains heavily</u>.

2. Please call me <u>when you are ready</u>.

3. I think <u>that you are wrong</u>.

4. I was excited <u>when I arrived at the park</u>.

EXERCISE 02
다음 밑줄 친 구가 명사구, 형용사구, 부사구인지 구분하시오.

1. He didn't know <u>what to do next</u>.

2. Cars <u>parked illegally</u> will be towed.

3. It is <u>of no use</u>.

4. She's very difficult <u>to talk with</u>.

EXERCISE 03
다음 밑줄 친 구(句)의 종류와 역할을 말하시오.

1. His house stands <u>on the hill</u>.

2. The book <u>on the desk</u> are mine.

3. <u>To speak English</u> is not easy.

4. I want <u>to go to college</u>.

EXERCISE 04
다음 글 중 절(節)의 종류를 말하시오.

1. I think <u>that he is honest</u>.

2. We brush our teeth <u>after we have breakfast</u>.

3. <u>What he said</u> is true.

4. <u>If you work harder</u>, you will succeed.

5. I don't know <u>if he will come</u>.

6. The important thing is <u>how we live</u>.

02

·······································

문장의 기본 5형식

　주어, 술어동사, 목적어, 보어를 하나의 문장을 구성하는 4대 요소라고 한다. 이 요소가 어떻게 결합해서 문장을 만들고 있느냐에 따라 문장의 기본 형식(basic form)을 다섯 가지로 나눈다.

　(S: 주어, V: 동사, C: 보어, O: 목적어, I.O.: 간접목적어, D.O.: 직접목적어)

① 제1형식: (주어+동사; 주어가 동사하다)

주요 1형식 동사들(자동사)

come 오다	go 가다	start 출발하다	arrive 도착하다
appear 나타나다	walk 걷다	run 달리다	swim 수영하다
fly 날다	live 살다	rise 떠오르다	fall 떨어지다
sleep 잠자다	happen 발생하다	die 죽다	ache 아프다

　완전자동사가 쓰이는 문장이다. 주어와 동사 각각 한 개의 단어로만 이루어지기도 하며, 주어, 동사의 어느 쪽 또는 양쪽에 수식어가 붙어 복잡한 구문을 이루기도 한다.

Flowers **begin** to bloom radiantly.

꽃들이 활짝 피기 시작했다.

The dog **ran** after me.

개가 나를 쫓아왔다.

Some flowers **are** on the table.

=There **are** some flowers on the table.

꽃들이 테이블 위에 있다.

EXERCISE 01

다음 문장에서 주어를 찾아 S, 동사를 찾아 V로 표시하시오.

1. There is no doubt about it.

2. She waited for an hour.

3. Here comes the bus!

4. The medicine will work.

② 제2형식: S+V+SC

주격보어를 필요로 하는 불완전자동사가 쓰이는 문장이다. 보어로 될 수 있는 품사는 명사, 대명사, 형용사이다.

(1) be(am, are, is, was, were), become, look, seem, appear 등.
    이러한 동사는 "…이다", "…처럼 보이다"의 뜻으로 해석한다.
    We are **Korean**. 우리는 한국인이다.
    She became **happy**. 그녀는 행복해졌다.

(2) feel, smell, taste, sound 등.

감각을 나타나는 지각동사의 보어로는 **형용사**를 쓴다.

It **tastes** bitter. 쓴맛이 난다.

come true 실현되다	get dark 어두워지다
go bad 상하다	go blind 눈멀다
hold good 유효하다	stay still 움직이지 않고 있다
turn pale 창백해지다	run short of(money) (돈이) 떨어지다

EXERCISE 02

다음 문장에서 보어를 찾아 밑줄을 그으시오.

1. He seems upset.

2. It tasted sour.

3. He kept silent during the meeting.

4. The lake is very deep.

EXERCISE 03

다음 괄호 안에서 알맞은 것을 고르시오.

1. Your job sounds (interesting / interestingly)

2. He dream finally came (true / truly)

3. The milk went (bad / badly)

4. Jane looks (different / differently)

3 제3형식: S+V+O

(1) 3형식과 완전타동사

여기에 쓰이는 동사는 목적어를 필요로 하는 타동사이다. 이 형의 타동사는 보어를 필요로 하지 않으므로 완전타동사 (Complete Transitive Verb)이다.

<u>We</u> have <u>finished</u> the three-year middle school <u>course</u>.
　S　　　　 V　　　　　　　　　　　　　　　　　　 O
우리는 3년 과정의 중학교 과정을 마쳤다.

<u>March</u> <u>means</u> <u>the end</u> of a long, cold winter.
　S　　　 V　　　 O
3월은 길고 추운 겨울의 끝을 의미한다.

<u>Many people</u> <u>ride</u> <u>bicycles</u>.
　　　　　　 S　　 V　　 O
많은 사람들이 자전거를 탄다.

(2) 불필요한 전치사를 삽입하기 쉬운 동사

목적어를 '~을 [를]'이 아닌 '~에게', '~와' 등으로 해석하지만 전치사와 함께 쓰지 않는 동사이다.

① 목적어가 '~에,~에게'로 해석되는 경우: 동사 뒤에 전치사 to 나 into를 쓰지 않도록 유의한다.

enter the classroom 교실에 들어가다

cf. **enter into** a contract 계약을 맺다

address the audience 청중에게 연설하다

answer the question 질문에 답하다

obey his order 그의 명령에 복종하다

attend a wedding 결혼식에 참석하다

reach the destination 목적지에 도착하다

approach a castle 성에 가까이 가다

call him 그에게 전화하다

suit / **become** her 그녀에게 알맞다

② 목적어가 '~와'로 해석되는 경우: 동사 뒤에 전치사 with를 쓰지 않는다.

marry a millionaire 백만장자와 결혼하다

resemble her mother 그녀의 엄마와 닮다

③ 목적어가 '~에 대하여, ~에 관하여'로 해석되는 경우: 동사 뒤에 전치사 about을 쓰지 않는다.

discuss the matter 그 문제에 관해 논의하다

mention it 그것에 관해 언급하다

explain the situation 상황에 대해 설명하다

consider the suggestion 제안에 대해 검토하다

(3) 필요한 전치사를 빠뜨리기 쉬운 동사

I **hope for** our success. 나는 당신의 성공을 바랍니다.

cf. I hope to succeed. 나는 성공하기를 바란다.

I hope는 전치사 없이 **to 부정사**나 **that절**을 목적어로 취할 수 있다.

cf. I hope that you will succeed.

저는 당신이 성공하기를 바랍니다.

They all **objected to** my proposal.

그들은 내 제안에 반대했다.

The students **complain about** the school's facilities.

학생들은 학교 시설에 대해 불평했다.

EXERCISE 04

다음 문장에서 목적어를 찾아 밑줄을 그으시오.

1. I bought a new bag.

2. She turned on the television.

3. We cannot rely on him.

4. We look up to him as a leader.

EXERCISE 05

밑줄 친 부분 중 어법상 틀린 것을 고치시오.

1. Let's <u>discuss about</u> the mater later.

2. I <u>hope</u> your health and happiness.

3. She never <u>answered to</u> my letter.

4. The burglar <u>entered into</u> the house through a window.

4 제4형식: S+V+I.O.+D.O.

두 개의 목적어가 있는 문장이다. "제인은 그에게 기차표를 두 장을 주었다"에서 "…에게"에 해당되는 목적어를 간접목적어(I.O.: Indirect Object), "…을(를)"에 해당되는 목적어를 직접목적어(D.O.: Direct Object)라고 한다. 두 개의 목적어를 가진 동사를 특히 수여동사라고 한다. 수여동사의 대표적인 것으로는 give, lend, allow, tell, teach, buy, make 등이 있다.

<u>I</u> <u>showed</u> <u>him</u> <u>the way</u> to the post office.
S   V   I.O.   D.O.
나는 그에게 우체국으로 가는 길을 가르쳐 주었다.

<u>We</u> <u>asked</u> <u>her</u> <u>some questions</u>.
   S   V   I.O.   D.O.
우리는 그녀에게 몇 몇 질문을 하였다.

※ 4형식 문장은 <주어+동사+직접목적어+전치사+간접목적어>의 3형식 문장으로 전환할 수 있다. 이때 대부분의 동사는 전치사 to를 쓰는데, buy, make, get, find 등의 동사는 for를 쓴다.

EXERCISE 06

다음 밑줄 친 부분을 어법에 맞게 고쳐 쓰시오.

1. My friend lent the book me.

2. I gave lots of advice for my sister.

3. He bought an expensive ring to his wife.

5 제5형식: S+V+O+C

목적어와 보어를 모두 필요로 하는 문장이다. 목적격보어로 부정사가 쓰이기도 하는데, 동사에 따라 to 부정사 또는 원형부정사를 취한다.

- to 부정사를 취하는 동사: want, like, tell, ask, persuade, advice, order, allow, force 등
- 원형부정사를 취하는 동사: 사역동사(let, have, make), 지각동사(feel, hear, listen to, see, watch, smell 등)
- *cf.* 지각동사의 경우, 동작이 진행 중임을 강조할 때 목적격보어로 현재분사를 쓰기도 한다.

They elected him president of the club.
  S   V   O   C
그들은 그를 클럽의 회장으로 선출했다.

I <u>want</u> <u>you</u> to <u>come</u> right now.
S   V   O   C

나는 네가 당장 오기를 원한다.

<u>She</u> <u>let</u> <u>us</u> <u>use</u> the computer.
 S   V O C

그녀는 우리가 컴퓨터를 사용하는 것을 허락했다.

<u>We</u> <u>found</u> <u>him</u> <u>walking</u> up and down in the garden.
 S   V   O   C

우리는 그가 정원에서 왔다 갔다 하는 것을 보았다.

EXERCISE 07

다음 괄호 안에서 알맞은 것을 고르시오.

1. He ordered me (clean / to clean) the room.

2. He didn't allow his son (go / to go) out.

3. I felt something (to touch / touching) my arm.

4. I'll get him(fix / to fix) the car.

Chapter

03

....

문장의 종류

1 의미에 의한 분류

(1) 평서문(Declarative Sentence)

긍정문(Affirmative S.)이라고도 하며 여러 문장의 종류 가운데 가장 기본이 되는 문장이다.

It is September. 9월이다.

(2) 의문문(Interrogative Sentence)

의문문은 형태에 따라 다음과 같이 다섯 가지로 나눈다.

① 일반의문문(Yes-No Question)

Yes 또는 No로 대답될 수 있는 의문문이다.

Are you in the first yeat of high school?

고등학교 1학년이니?

Did you eat breakfast? 아침 먹었니?

② 의문사로 시작하는 의문문(Wh-Question)

의문사, 즉 who, what, which, why, how 등으로 시작하는 의문문으로 일반의문문과 달리 Yes 또는 No로 대답할 수 없다.

What happened yesterday? 어제 무슨 일이 있었니?

When did you get the letter? 언제 편지를 받았니?

How did he do it? 그가 그것을 어떻게 했니?

③ 선택의문문(Alternative Question)

Yes 또는 No로 대답할 수 없는 의문문이다. 어느 한쪽을 선택해야 한다.

Are you married or single? 결혼했니, 미혼이니?

Are you ready or not? 준비 됐니, 안 됐니?

④ 부가의문문(Tag-Question)

평서문 다음에 의문문의 생략형을 덧붙여 「~이지요?」라고 다짐을 받거나 상대방의 동의를 구하는 회화체 특유의 어법이다. 긍정문에는 부정의 의문형을, 부정문에는 긍정의 의문형을 붙인다.

You didn't go to the party last night, **did you**?

너 어젯밤 파티에 가지 않았지, 그치?

It's very warm today, **isn't it**?

오늘은 날씨가 몹시 포근하지, 그치?

We're late for school, **aren't we**?

학교에 늦었지, 그치?

You've come down to meet me, **haven't you?**

너는 나를 만나러 내려왔지, 그치?

He hasn't been writing letters, **has he**? 그는 편지를 쓰지 않았지, 그치?

EXERCISE 01
알맞은 부가의문문을 붙이시오.

1. He will arrive here before long, _____?

2. She is writing a letter now, _____?

3. Let's go on a picnic next Sunday, _____?

4. She hasn't come here yet, _____?

5. You aren't reading now, _____?

6. He's gone to his country? _____?

7. Be quiet, _____?

8. You don't go to church, _____?

9. She studies English very hard, _____?

10. Let me go home, _____?

⑤ 수사의문문(Rhetorical Question)

형식은 의문문이나 상대방에게 어떤 것을 묻는 것이 아니고 말하는 자기의 뜻을 상대방에게 확인시키기 위한 것이다.

Who knows?(=No one knows) 누가 알겠어?(=아무도 모른다)

Isn't it funny?(=It's very funny) 웃기지 않니?(=매우 웃긴다)

⑥ 간접의문문

어순이 「**의문사(who, what, when, etc.)+주어+동사**」가 되도록 하고, **의문사가 없는 의문문은 if나 whether로 유도하며, 시제에 유의.**

What is this? Tell me.

→ Tell me **what** this is. 몇 시인지 말해주세요.

Does this train stop at Pusan? Can you tell me?

→ Can you tell me **if** this train stops at Pusan?

이 기차가 부산에 도착하는지 어쩐지 말해줄 수 있나요?

Where does she live? Do you **think**?

→ **Where** do you think she lives?

당신은 그녀가 어디에 산다고 생각하나요?

주의: 주절의 동사가 **think, believe, suppose, guess, imagine**이 오면 **의문사가 맨 앞**으로 온다.

(3) 명령문(Imperative Sentence)

명령, 의뢰, 충고, 부탁, 금지 등을 나타낸다. **대개 주어가 생략된다.**

Rely on your own efforts. 자신의 노력에 의지해라.

Write an answer as soon as you get my letter.

내 편지를 받자마자 답장을 써라.

(4) 감탄문(Exclamatory Sentence)

기쁨, 놀람, 괴로움, 슬픔, 소망 등을 나타낼 때 쓰인다.

① **How+형용사(또는 부사)+주어+동사!**

He walks very fast. 그는 매우 빨리 걷는다.

⇨ **How** fast he walks! 참 빨리 그는 걷는구나!

② **What+a, an+형용사+명사+주어!**

It is a very pleasant day. 매우 즐거운 날이다.

⇨ **What** a pleasant day it is! 참 즐거운 날이구나!

2 **구조에 의한 분류**

(1) 단문(Simple S.)-주부, 술부의 관계가 하나뿐인 문장이다.

The two children are fond of each other. 두 아이들은 서로 좋아한다.

(2) 중문(Compound S.)-2개 이상의 단문이 등위접속사(and, but, or, so, for)에 의해 연결되어 있는 문장이다.

He felt no fear, for he was brave. 그는 공포를 느끼지 않는다. 왜냐하면 그는 용감하기 때문이다.

(3) 복문(Complex S.)-종속절을 포함한 문장으로 「주절+종속절」의 구조가 된다.

I believe that he is right. 나는 그가 옳다고 믿는다.

The boy who threw the stone will be punished. 돌을 던진 아이는 벌을 받을 것이다.

(4) 혼합문(Mixed S.)-중문을 구성하는 등위절 안에 종속절이 포함되어 있는 복잡한 구조를 가진 문장이다.

The earth is a globe that always turns round, and at the same time it moves round the sun. 지구는 항상 도는 구이고, 동시에 태양 주위를 돈다.

EXERCISE 02
다음 문장을 지시대로 바꾸어 쓰시오.

1. It is really hot today. (감탄문으로)

2. You open the window. (부정명령문으로)

3. What a pretty flower this is! (평서문으로)

4. Do you know? What time is it? (간접의문문으로)

5. Do you think? Who is he? (간접의문문으로)

6. Is Mr. Kim at home? Do you know? (간접의문문으로)

7. Where did she spend last holiday? Do you know? (간접의문 문으로)

EXERCISE 03
단문은 복문으로, 복문은 단문으로 바꾸시오.

1. He seems to have come to Korea from America.

   → It seems _____.

2. She seemed to have gone to the library.

    → It seemed_____.

3. The conductor came through the train in order to collect the tickets.

    → The conductor came through the train in order that

    _____.

4. He got up early in order to catch the train.

    → He got up early so that

    _____.

5. It happened that I sat beside her.

    → I happened

    _____.

PART

2

품사편

······································

동사의 시제(Tense)

☐ 동사의 활용(Conjugation)

1. She sings well. 그녀는 노래를 잘한다.
   I sing well. 나는 노래를 잘한다.

2. He played baseball. 그는 야구를 한다.
   He went home. 그는 집에 갔다.

3. talk-talk**ed**-talk**ed**-**talking** roll-roll**ed**-roll**ed**-roll**ing**

4. hike-hike**d**-hike**d**-hik**ing** save-save**d**-save**d**-sav**ing**

5. stop-stop**ped**-stop**ped**-stop**ping**

   prefer-prefer**red**-prefer**red**-prefer**ring**

   omit-omit**ted**-omit**ted**-omit**ting**

6. study-stud**ied**-stud**ied**-study**ing** try-tr**ied**-tr**ied**-try**ing**

7. hit-hit-hit; come-came-come; send-sent-sent; beat-beat-beaten

【해설】 1. 3인칭 단수의 경우는 원형의 어미에 -s가 붙는다.

   2. play는 과거형이 규칙 변화, go는 불규칙 변화

   3. 규칙 변화

   4. 어미가 -e로 끝나면 -ed, e를 빼고~ing를 붙임

   5. 「단모음+단자음」이면 자음을 중복하고 -ed, -ing를 붙임

6. 「자음+y」는 y를 i로 하고 -ed를 붙이나, -ing는 y 뒤에 붙임

7. 불규칙 변화

   A-A-A형: hit-hit-hit / set-set-set

   A-B-A형: come-came-come / run-ran-run

   A-B-B형: send-sent-sent / sleep-slept-slept

   A-B-C형: see-saw-seen / break-broke-broken

   A-A-B형: beat-beat-beaten(beat)

   cf. play-play**ed** differ-differ**ed** picnic-picnic**ked**

※ 다음과 같이 의미가 달라지는 경우가 있음.

shine(비추다)-shone-shone / shine(닦다)-shined-shined

hang(걸다)-hung-hung / hang(교수형에 처하다)-hanged-hanged

2 시제의 종류

기본적인 시제로는 현재시제, 과거시제, 미래시제의 3가지가 있고 각 시제마다 진행형과 완료형이 각각 3가지가 되어 영어의 동사에 나타나는 시제는 모두 12개가 된다.

(1) 현재시제

① I usually **get up** early. / They seldom **go** to the movies.

② Seoul **is** the capital of Korea.

③ This answer **seems** correct.

④ He **returns** from New York next week.

【해석】 ① 나는 보통 일찍 일어난다. / 그들은 좀처럼 영화를 보러 가지 않는다.

② 서울은 한국의 수도이다.

③ 이 대답은 맞는 듯하다.

④ 그는 다음 주에 뉴욕에서 돌아올 것이다.

【해설】 ① 현재의 습관적 동작

② 시간과 관계없는 일반적 사실, 진리, 습성

③ 지각, 감정, 현재의 상태

④ 미래를 뜻하는 부사와 함께 쓰여 미래를 나타낸다.

(2) 과거시제

① I **arrived** here last night.

He **was** twenty years old then.

② He **wrote** to me at least once a week.

She usually **went** to school by bus.

【해석】 ① 나는 어젯밤에 여기에 도착했다. 그때 그는 20살이었다.

② 그는 적어도 1주일에 한 번 나에게 편지를 썼다. 그녀는 보통 버스를 타고 학교에 다녔다.

【해설】 ① 과거의 동작이나 상태 ② 과거의 습관 또는 반복적인 동작

(3) 미래시제

① The ship **sails** tomorrow.

② He **is coming** tonight.

③ I **am** not **going** to do it.

④ He **will succeed** in the end.

⑤ I **shall be** seventeen years old next month.

【해석】 ① 그 배는 내일 항해할 것이다.

② 그는 오늘 밤 올 것이다.

③ 나는 그것을 하지 않을 것이다.

④ 그는 결국에는 성공할 것이다.

⑤ 나는 다음 달에 17살이 될 것이다.

【해설】 ① 미래의 동작이나 상태는 현재형. ② 현재진행형으로 미래를 나타냄.
③ **be+going to**의 형식으로 미래를 나타냄. ④,⑤ 조동사 will+원형,
shall+원형으로 미래를 나타냄. 보통 **will**+원형 또는 **shall**+원형으로
나타나는 형식을 미래시제라고 한다.

(4) shall, will의 특별 용법

① **Will** you **go** with me?

② **Shall** I **open** the window?

③ You **shall die**, if you ever do it again.(=I will kill you, if~)

④ This door **won't open**.

⑤ Accidents **will happen**.

【해석】 ① 나랑 갈래?

② 내가 창문을 열까요?

③ 네가 그렇게 한다면 너를 죽이겠다.

④ 이 문이 좀처럼 안 열린다.

⑤ 사고는 일어나기 마련이다.

【해설】 ① 공손한 표현. ② 상대방의 의지를 묻는다.

③ 2인칭(또는 3인칭)을 주어로 하고 쓴 shall은 말하는 사람의 의지를
나타낸다. 구어체에서는 쓰이지 않는다.

④ 주어의 고집. ⑤ 주어의 습성이나 경향을 나타낸다.

미래시제 will과 shall의 의미는 용법이 인칭, 긍정문과 의문문의 차
이에 따라 여러 가지로 달라지므로 그 용법에 특히 유의하여야 한다.

(5) **현재진행형(Present Progressive Form)**

「be+동사+ing」의 형태를 지닌다.

① He **is watching** television.

② Man **is** forever **pursuing** happiness.

③ Christmas **is coming**.

【해석】 ① 그는 TV를 보고 있는 중이다.

② 사람은 영원히 행복을 추구한다.

③ 크리스마스가 다가온다.

【해설】 ① 현재 진행되고 있는 동작

② 현재의 습관: 감정적 색채가 섞여 있다.

③ 가까운 미래, 예정

※ 지각, 인식, 계속 상태를 나타내는 동사(be, belong, have, resemble, feel, hate, hear, know, love, smell 등)는 진행형에 쓰이지 않는다.

※ be going to~는 「~하려고 하다」의 뜻으로 주어의 예정, 계획 및 강한 결의 등을 나타냄. What are you going to do?

(6) 과거진행형(Past Progressive Form)

① It **was snowing** when I got up this morning.

② She **was** always **smiling**.

【해석】 ① 오늘 아침 내가 일어났을 때 눈이 오고 있었다.

② 그녀는 언제나 미소를 짓고 있었다.

【해설】 ① 과거의 진행 중인 동작 ② 과거의 습관

(7) 미래진행형(Future Progressive Form)

「shall(will)+be+동사+ing」의 형태를 지닌다.

She **will be preparing** dinner just then.

그녀는 그 때쯤에는 저녁을 준비하고 있을 것이다.

【해설】 미래의 진행 중인 동작

(8) 현재완료형(Present Perfect Form)

① He **has** just **awakened** from his sleep.

② Somebody **has taken** your umbrella.

   I **have caught** cold.

③ I **have visited** New York three times.

   Have you ever **heard** of such a thing?

④ We **have known** each other for ten years.

   He **has been** silent all evening.

【해석】 ① 그는 막 잠에서 깨어났다.

   ② 누군가가 그의 우산을 가져갔다.

   나는 감기가 들었다.

   ③ 뉴욕에 세 번 방문했다.

   그런 것을 들어본 적이 있니?

   ④ 우리는 10년째 서로 알고 지낸다.

   그는 저녁 내내 침묵을 지키고 있다.

【해설】 ① 현재까지의 동작의 완료: just, now, already, yet 등과 같은 부사

   와 함께 흔히 쓰인다.

   ② 과거의 동작, 행위의 결과가 현재까지 이르고 있음을 나타낸다.

   Somebody **has taken** your umbrella.=You have no umbrella

   now.

   ③ 현재까지의 경험

   ④ 현재까지의 상태의 계속

※ He **has been** to London several times. (경험)

He **has been** to the station to see her off. (완료)

(9) 과거완료형

I **lost** the purse that you **had given** me.

【해석】 네가 준 지갑을 잃어버렸다.
【해설】 과거의 어느 때보다 먼저 한 일

(10) 미래완료형

I **will have visited** Pusan three times if I go there once again.

【해석】 내가 한 번 더 그곳에 간다면 부산을 세 번 방문하게 되는 것이다.
【해설】 미래의 어느 때까지의 동작 혹은 상태의 완료·결과·경험·계속

(11) 완료진행형(Present Perfect Progressive Form)

① It **has been raining** since early morning.

② We **have been learning** English for more than three years.

③ I **had been sleeping** until he called me.

④ We **shall have been learning** English in this school for six years(by) next February.

【해석】 ① 이른 아침부터 계속 비가 내리고 있다.

② 우리는 3년 이상 영어를 배워 오고 있다.

③ 나는 그가 전화했을 때까지 자고 있었다.

④ 내년 2월까지는 6년 동안 학교에서 영어를 공부하게 되는 것이다.

【해설】 ①, ② **현재완료진행형:** 현재를 기준으로 하여 그 이전에 일어난 동작이 현재까지 계속되고 있음을 나타낸다. 「have(has) been+동사+ing」의 형태를 지닌다.

③ **과거완료진행형:** 과거의 어떤 때를 기준으로 하여 그 이전에 일어난 동작이 현재까지 계속되고 있음을 나타낸다. 「had been+동사+ing」의

형태를 지닌다.

④ **미래완료진행형:** 미래의 어떤 때를 기준으로 하여 그 이전에 일어난 동작이 현재까지 계속되고 있음을 나타냄. 「shall(will) have been+동사+ing」의 형태를 지닌다.

EXERCISE 01

다음 괄호 안에서 알맞은 것을 고르시오.

1. I (hear / heard) the news of his death last week.

2. If I (don't / will not) hurry, we'll be late for the school.

3. When she (comes / will come) back, I will have a party for her.

4. Since 2020, I (am expanding / have been expanding) my business.

5. I (have moved / will have moved) into a new house by the time he comes back.

6. When the telephone (rings / rang), She was cooking spaghetti.

7. Jack is not here. He (went / has gone) to Europe.

8. I don't go out because it (is raining / has been raining) now.

9. The concert (has started / had started) when we arrived.

10. As the exam is over, I (am feeling / feel) so relieved.

EXERCISE 02

다음 문장에서 틀린 부분을 고치시오.

1. It rained since last Sunday.

2. By the time you get back, I will do all my work.

3. When I came home, I found that I lost my purse.

4. When he got up, the sun shines in the sky.

5. When have you seen him last?

6. My mother comes home just now.

7. If it will be fine tomorrow, I will go swimming.

8. He has begun the work two days ago.

9. I have gone to London twice last year.

10. I will wait for him here until he will come back.

EXERCISE 03

다음 괄호 안의 동사를 알맞은 형태로 바꾸시오.

1. He _____ a navel now. (read)

2. You _____ music, so you didn't hear the bell.
   (listen)

3. I recognized the boy at once, for I _____ him before.
   (meet)

4. She always _____ to bed before 11 p.m. (go)

5. I _____ the movie yesterday. (see)

6. The earth _____ around the sun. (move)

EXERCISE 04

다음을 우리말로 해석하시오.

1. I arrived at the office but John had already gone.

2. I have already seen that movie three times before.

3. Everything is going to be fine.

4. I have lost my wallet.

5. I have just finished my work.

6. I have been to Guam before.

Chapter

02

조동사(Auxiliary Verb)

Point

1. 동사를 도와주는 역할을 한다.
2. 혼자서는 쓰일 수 없고 반드시 본동사가 따라와야 한다.
3. 인칭과 수에 관계없이 형태가 변하지 않는다.
4. 조동사 뒤에는 반드시 동사원형이 와야 한다. 즉, s, ss, ed, ing 등이 붙은 동사는 올 수 없다.
5. 조동사는 연달아 쓸 수 없다. will can(x), will be able to(o)

① 조동사의 기본적 용법

1. Although he is only five years old, he **can** read well.

   Can it be true? No, it cannot be true.

2. **May** I use your telephone?

   - Yes, you **may**. / No, you **may [must] not**.

   It **may** be true or **may not** be true.

   cf. It **cannot** be true.

3. You **may well** think so.

   He **may** [**might**] **as well** leave it behind.

4. You **may** [**might**] **as well** throw the money into the sea **as** lend it to him.

5. **May** God bless you!

6. John says you **must** apologize to him.

   It **must** be raining outside.

7. She **will** sit there for hours doing nothing.

   Oil **will** float on water.

8. Give it to me, or you **shall** get punished.

   Shall I close the window?

   Yes, please do.

【해석】 1. 비록 그는 다섯 살이지만 글을 잘 읽을 수 있다.

그것이 사실이야? 아니야, 사실일 리가 없어.

2. 전화 사용해도 돼요?

   - 그래, 사용해도 좋아. / 아니야, 사용할 수 없어. [절대로 안 돼.]

   그것은 사실일 수도 있고 아닐 수도 있다.

   cf. 그것은 사실일 리가 없다.

3. 네가 그렇게 생각할 만하다.

   그는 그것을 두고 가는 편이 낫다.

4. 그에게 돈을 빌려주느니 차라리 바다에 던져버리는 편이 낫다.

5. 신의 축복이 있기를!

6. 존은 네가 그에게 사과해야 한다고 말한다.

   밖에 비가 오나 봐.

7. 그녀는 아무것도 하지 않고 몇 시간 거기에 앉아 있곤 한다.

   기름은 물에 뜨게 마련이다.

8. 그것을 내게 주어라. 그렇지 않으면 너는 벌을 받게 될 것이다.

　　문을 닫을까요?

　　네, 그렇게 해주세요.

【해설】 1. 능력의 **can** 「～할 수 있다」(=be able to) ↔ cannot

　　　　가능성의 **can** 「～일 수도 있다」 ↔ **cannot** 「～일 리가 없다」

　　2. 허가의 **may** 「～해도 좋다」 ↔ **may not**「～해서는 안 된다」

　　　　must not 「～해서는 절대 안 된다」

　　　　추측의 **may** 「～일지도 모른다」 ↔ **may not** 「～이 아닐지도 모른다」

　　　　cannot 「～일 리가 없다」

　　3. **may well**=have (a) good reason to=～하는 것도 당연하다

　　　　may [might] as well=～하는 편이 낫다

　　4. **may [might] as well…as**～=～할 바에는 …하는 편이 낫다 [좋다]

　　5. **기원문 May** he live long! 오래 사시기를!

　　6. 의무의 **must** 「～해야 한다」(=have to) ↔ need not

　　　　don't have to 「～할 필요가 없다」

　　　　단정의 **must** 「～임에 틀림없다」 ↔ **cannot** 「～일 리가 없다」

　　7. **습성**을 나타내는 **will** 「～하곤 한다」

　　　　필연의 **will** 「당연히～한다, 보통～하게 된다」|

　　　　즉, 조동사 will은 사람의 의지를 나타내는 외에, 사람이나 동물의 행동, 습성, 사물의 속성을 나타냄. 빈도부사(often, always 따위가)가 함께 나오는 경우도 있으나 부사가 없어도 문맥상으로 파악해야 함.

　　　　(예) He will often sit up all night. (그는 종종 밤을 새운다.)

　　　　Boys **will** be boys. 어린애는 역시 어린애다.

　　　　Accidents **will** happen. 사고는 나게 마련이다.

　　8. 화자의 의지를 나타내는 shall <2, 3인칭의 평서문> 「～하게 하겠다」

　　　　청자의 의지를 나타내는 shall <1, 3인칭의 의문문> 「～해도 될까요?」

② 조동사의 과거형 / 조동사+완료형

1. He told me that he **had to** meet her.

2. **Could** I see your driver's licence?

3. On occasion he **would** take a rest.

4. He who **would** make a complaint must first do his duty.

5. I tried to persuade him, but he **would not** listen to me.

6. We **should** all vote for John.

7. It is natural that she **should** say so.

8. He **should have come** earlier.

9. She insisted that he (should)**go** to the hospital immediately.

10. He **cannot have told** a lie.

11. Something **may have happened** to the motor.

12. The trip **must have been** interesting.

13. You **should [ought to]have helped** her.

14. You **need not have said** so.

【해석】 1. 그가 나에게 그녀를 만나야 한다고 말했다.

　　　 2. 운전 면허증 좀 볼 수 있을까요?

　　　 3. 때때로 그는 휴식을 취하곤 했다.

　　　 4. 불평을 하고자 하는 사람은 우선 자기의 의무부터 다해야 한다.

　　　 5. 나는 그를 설득하려고 했지만 그는 내 말을 듣지 않았다.

　　　 6. 우리는 모두 존에게 투표해야 한다.

　　　 7. 그녀가 그렇게 말하는 것도 당연하다.

　　　 8. 그는 좀 더 일찍 왔어야 했다.

　　　 9. 그녀는 그가 즉시 병원에 가야 한다고 주장했다.

　　　 10. 그가 거짓말을 했을 리가 없다.

11. 모터에 무슨 일이 생겼을지도 모른다.

12. 그 여행은 재미있었음이 틀림없다.

13. 너는 그녀를 도왔어야 했는데.

14. 너는 그렇게 말할 필요는 없었는데. (했다)

【해설】 1. **must**의 과거형은 must 또는 had to이다.

2. 조동사의 과거형은 공손한 표현을 할 때 쓰인다.

3. **would**는 과거의 불규칙 습관(곧잘~하곤 하였다, 때때로~하였다)을 나타냄. 보통 빈도부사(often, sometimes, from time to time)가 나온다. (예) Sometimes the boys **would** play a trick on their teacher.(때때로 그 소년들은 선생님에게 장난질을 하곤 하였다.) He **would** sit there hour after hour looking at the traffic go by.(그는 차량의 왕래를 바라보며 몇 시간이고 거기 앉아 있는 일이 있었다.)

4. **would=wish to**

5. **would** 과거의 강한 거절·거부: **아무리 해도~하려 하지 않았다**

6. **should** 당연한 **의무**를 표현한다. 「의무(=obligation)」를 나타내는 should의 용법은 ought to와 같으나 ought to에 비해 정도가 약한 편이다. 「~해야 한다, ~하지 않으면 안 된다」로 해석한다. should 다음에 완료형이 오면 과거의 동작이나 상태를 비난하는 뜻으로 된다.

7. **It is** 다음에 **necessary, important, proper, natural, right, good** 등이 오면 종속절에 **should**를 쓸 수 있다. (이때 should는 해석하지 않는다.)

8. 후회, 유감, 비난의 **should have+p.p.** 「~했어야 했는데」

9. 주장, 명령, 소망, 요구, 제안 따위의 동사(**insist, order, desire, wish, request, suggest, propose** 등) 다음에 계속되는 명사절 안에 **should**를 쓴다. 미식 영어에서는 should를 빼고 원형을 쓴다.

10. **cannot have p.p.** 「~했을 리가 없다」

11. **may have p.p.** 「~이었을지도 모른다」

「may have+p.p.」는 과거의 행위가 「가능성이 있는 추정」을 나타낼 때 쓰이는 구문이다. might가 되면 더욱 불확실한 추측을 나타낸다. (예) He may have been rich.(그는 과거에 어쩌면 부자였는지도 모른다.)

He **may have been** ill for a long time.

=It is possible that he has been ill for a long time.

그가 오랫동안 앓고 있었는지도 모른다.

He **may have known** their plan from the beginning.

그는 그들의 계획을 처음부터 알았을는지도 모른다.

He **may have missed** the train.

그가 기차를 놓쳤을지도 모른다.

※ 부정문으로 되면 「may not+have+p.p.」의 구문이 된다.

He may not have gone back last night.(그는 어젯밤 돌아가지 않는지도 몰라.)

12. **must have p.p.** 「~이었음이 틀림없다」

13. **should have+과거분사=ought to have+과거분사 –** 「…했어야만 했다」. (과거 사실에 대한 유감의 뜻)과 바꾸어 사용할 수 있다.

We ought to [should]have kept our promise by all means. (어떻게 해서라도 약속을 지켰어야 했는데.)

You ought to have come earlier.(너는 더 일찍 왔어야 했다.)

14. **need not have p.p.** 「~할 필요가 없었는데 (했다)」

cf. didn't need to+원형 「~할 필요가 없었다(그래서 하지 않았다)」

③ 준조동사 및 do

1. You **need** not come to the meeting.

2. How **dare** you speak to me like this?

3. She **used to** go to the museum on Sundays.

4. You **ought to** think twice before you answer.

5. I really **do** want to be rich and famous.

【해석】 1. 너는 회의에 올 필요가 없다.

2. 감히 네가 어떻게 이처럼 나에게 말하니?

3. 그녀는 일요일마다 박물관에 가곤 했다.

4. 대답하기 전에 두 번 생각해야 한다.

5. 나는 정말 부유하고 유명해지고 싶다.

【해설】 1.2. need와 dare 「감히~하다」는 긍정 평서문에서는 일반동사로 취급되
지만 부정문과 의문문에서는 조동사와 일반동사의 양쪽으로 사용된다.

He **needs** to come to the meeting. <일반동사>

He **need not** come~ / **Need** he come~? <조동사>

He **doesn't need** to come~ / **Does** he **need** to come~?
<일반동사>

3. used to+원형 「~하곤 했다, 옛날에는~했다」

4. ought to+원형은 「~해야 한다」 <의무>

　　※ ought to have+과거분사 구문이 가질 수 있는 의미의 차이를 잘 파악해야 한다.

　　You **ought to** start at once. - 의무(duty, obligation)
　　너는 당장 떠나야 한다.

　　You **ought not to** eat between meals. - 충고(advice)
　　간식을 먹어서는 안 된다.

　　You **ought to have been** more careful. - 과거 사실에 대한 비난
　　너는 좀 더 주의를 기울였어야 했다.

　　He **ought to** be there by now. - 현재 사실에 대한 추측
　　그는 지금쯤 그곳에 도착해 있을 것이다.

　　She **ought to have received** my letter. - 과거 사실에 대한 추측
　　그녀는 나의 편지를 받았을 것이다.

5. do는 강조의 조동사로 쓰인다.

EXERCISE 01

두 문장이 같은 뜻이 되도록 (   ) 안에 적당한 단어를 넣으시오

1. It is impossible that she has done the work for herself.

   =She (   ) (   ) done the work for herself.

2. I'm sure you were surprised to hear of her marriage.

   =You (   ) (   ) (   ) surprised to hear of her marriage.

3. She worked hard to pass the examination.

   =She worked hard so that she (   ) (   ) the examination.

4. It is possible that he did his best.

   =He (   ) (   ) done his best.

EXERCISE 02

알맞은 말을 골라 빈 곳에 써 넣으시오.

☞ Ex. must, may, might, had better, used to, don't have to

1. Your father will get well soon. You _____ worry about him.

2. You _____ not open this box.

3. I _____ like her, but now I don't.

4. _____ I use this phone? - Sure.

5. I thought it _____ rain.

6. You look tired. You _____ go home right now.

EXERCISE 03

"should", "would", or "ought"을 사용하여 문장을 완성하시오.

1. He _____ often sit up late reading novels.
   그는 가끔 늦도록 앉아 소설을 읽곤 했다.

2. It is strange that he _____ have failed.
   그가 실패한 것은 이상한 일이다.

3. Is there anyone who _____ lose his freedom of speech?
   언론의 자유를 잃고자 하는 사람이 있겠는가?

4. It _____ to be ready by now. I ordered it a month ago.
   한 달 전에 주문한 것이 지금쯤은 준비되었을 것이다.

5. He ordered that I _____ do it myself.
   그것은 내 자신이 해야 한다고 그는 지시했다.

03

수동태(Passive Voice)

1. 능동태: 주어가 동작을 하는 문장
   수동태: 주어가 동작을 받는 문장
   ex. I visited him. 능동태
   He was visited by me. 수동태
2. 주어+동사+목적어 → 능동태
   주어+be+동사의 과거분사형+<u>(by+행위자)</u> → 수동태
   ↳ 행위자가 일반 사람일 경우, 행위자를 알 수 없을 경우에는 생략할 수 있다.
   ex. English is spoken (by them) in the U.S. 영어는 미국에서 사용된다.
   The rule is kept well(by people). 그 규칙은 잘 지켜진다.

① 태(Voice)의 종류

영어의 태에는 **능동태**(Active Voice)와 **수동태**(Passive Voice)가 있다.

능동태는 타동사와 목적어를 포함하는 문장이며, 수동태는 능동태의 목적어를 주어로 삼음으로써 주어가 동작을 받는 뜻을 가진

형식의 문장을 말한다.

1. They looked upon him **as** a scholar.

   → He **was looked upon as** a scholar. (by them)

2. Jane **showed** me some new books.

   → Some new books **were shown** (to) me by Jane.

   → I **was shown** some new books by Jane.

3. He **made** me his **secretary**.

   → I **was made** his **secretary.** (by him)

【해석】 1. 그들은 그를 학자로서 존경한다. → 그는 학자로서 존경받는다.
   2. 제인은 나에게 새 책들을 보여주었다. → 새 책들이 제인에 의해 내게 보여졌다.
   3. 그는 나를 그의 비서로 만들었다. → 나는 그의 비서가 되었다.

【해설】 1. **3형식의 수동태:** 능동태의 주어가 불명확하거나 일반 사람을 막연히 나타내는 경우 「by+목적어」는 생략된다.
   English **is spoken** in Australia. / He **was wounded** in the battle.
   2. **4형식의 수동태:** 능동문의 목적어가 2개이므로 수동태는 2개가 된다. 하지만 buy, make, get과 같은 동사의 경우 간접목적어를 주어로 쓰지 않는다.
   3. **「목적어+목적보어」인 구문의 수동태:** 5형식의 능동태는 수동태에서 2형식 문장이 된다.

② 주의해야 할 수동태

1. What **did** the critics **say**?

   → What **was said** by the critics?

2. **Do** it at once.

    → **Let** it **be done** at once.

3. He **will** invite us to dinner.

    → We **will** [**shall**] **be invited** to dinner by him.

4. They **have rejected** the plan.

    → The plan **has been rejected** (by them).

5. He **is carrying** a heavy bundle on his bicycle.

    → A Heavy bundle **is being carried** by him on his bicycle.

    She was teaching this class.

    → This class **was being taught** by her.

6. We **believe** that he **is** still alive.

    → It **is believed** that he is still alive.

    → He **is believed** to be still alive.

    They **believe** that he **was** rich.

    → He **is believed** to **have been** rich.

7. Everybody **know**s him.

    → He **is known to** everybody.

8. They **speak well of** her.

    → She **is well spoken of** (by them).

9. I **was delighted** to hear the news.

    You will **be surprised** to see this photograph.

    She **was disappointed** at my absence.

【해석】 1. 그 비평가들은 무엇을 말했니? → 비평가들에 의해 무슨 말이 있었니?

       2. 그것을 즉시 해라. → 즉시 그것이 실시되도록 해라.

3. 그는 우리를 저녁에 초대할 것이다. → 우리는 그로부터 저녁에 초대 받을 것이다.

4. 그들은 그 계획을 거절했다. → 그 계획은 거절되어졌다.

5. 그는 자전거 위에 무거운 보따리를 싣고 운반 중이다. → 무거운 보따리가 그의 자전거로 운반되고 있는 중이다. (현재진행)

   그녀가 이 학급을 가르치고 있는 중이었다. → 이 학급은 그녀에 의해 가르쳐지고 있는 중이었다. (과거진행)

6. 우리는 그가 아직 살아 있다고 믿는다. → 그는 아직 살아있는 것으로 믿어지고 있다.

   그들은 그가 부자였다고 믿는다. → 그는 한때 부자였다고 믿어진다.

7. 모든 사람들이 그를 안다. → 그는 모든 사람들에게 알려져 있다.

8. 그들은 그녀를 좋게 말한다.

9. 나는 그 소식을 듣고 기뻤다.

   너는 이 사진을 보면 놀랄 것이다.

   그녀는 내가 없는 것에 실망했다.

【해설】 1. 의문사가 있는 문장을 수동태로 바꿀 때에는 어순에 유의. 의문사는 그대로 문두에 둔다.

2. **명령문의 수동태:**

   「Let+목적어+be+과거분사」의 형식으로 고친다.

3. **능동태에 조동사가 있을 때에는 「조동사+be+과거분사」로 고친다.**

   will, shall, have는 주어의 인칭 및 수와 일치하도록 한다.

4. **완료형의 수동태:** 「have been+과거분사」

   완료형의 수동태는 완료형의 뜻(어떤 상태나 동작의 완료, 경험, 습관)에다 수동의 뜻이 겹쳐 있다. 즉, 「~에 의해서 (동작의 상태, 경험 등이) 행하여지다」의 뜻으로 해석된다.

5. **진행형의 수동태:** 「be+being+과거분사」로 고친다.

6. **복문의 수동태:** 목적어가 명사절일 때는 두 가지 수동태가 있다.

「be believed to+동사원형」은 현재의 일을 나타내며 「be believed to+have+과거분사」는 과거의 일을 나타냄.

(예) She is believed to be rich. (그녀는 부자인 것으로 여겨진다.) She is believed to have been rich. (그녀는 전에 부자였던 것으로 여겨진다.)

7. **by** 이외의 전치사를 쓰는 경우

He **is known to** everybody. / She is quite **satisfied with** her life as it is. / We **were caught in a** snowstorm. / The ground **was covered with** snow.

8. **동사구**는 하나의 단위로 취급한다.

9. **기쁨, 놀라움 등의 심적 상태를 나타낼 때는 수동태로 표현한다.**

③ 능동태로 수동의 의미를 나타내는 경우

1. This cloth **feels** like velvet.

2. Is the book **selling** well?

3. His hair wants **cutting**.

【해석】 1. 이 옷감은 벨벳 같은 감촉이다. 2. 이 책은 잘 팔리고 있니?
　　　 3. 그의 머리는 커트가 필요하다.

EXERCISE 01
능동태를 수동태로 고치시오.

1. Don't forget it.

2. He was writing a letter.

3. He has written a letter.

4. He has finished his homework.

5. We believe it was a mistake.

6. He is making a box.

7. This song made me feel better.

8. She saw her son swim in the pool.

9. This medicine can cure the disease.

10. People believe that he is smart.

EXERCISE 02

다음 괄호 안에서 알맞은 것을 고르시오.

1. I (bought, was bought) my daughter a bag for her birthday.

2. My bag (stole, was stolen by) a pickpocket on the street.

3. She (resembles, is resembled by) her mother in many ways.

4. Let the truth (told, be told).

EXERCISE 03

다음 문장에서 틀린 부분을 고치시오.

1. Don't let my advice forgotten.

2. I'm very satisfied of my life.

3. I was surprised of his attitude.

4. His plan was laughed by many people.

5. He has never been seen smoke.

부정사(Infinitive)

1. to 부정사의 명사적 용법: 부정사가 명사로 사용되어 주어, 목적어, 보어의 역할을 한다.
2. to 부정사의 형용사적 용법: 부정사가 명사 수식, <be+to 부정사>는 예정, 의무, 운명, 의도, 가능의 의미를 나타낸다.
3. to 부정사의 부사적 용법: 부정사가 부사와 같은 구실, 즉 동사, 형용사, 부사를 수식하는 용법인데, 여러 가지 뜻을 나타낸다.
4. 원형부정사: to 없는 부정사
5. to 부정사가 주어의 역할을 하는 경우, 대개 to 부정사는 문장 뒤쪽으로 가고 그 자리에 가주어 it을 쓴다. It is impossible to go there in an hour.

① 용법

(1) 명사적 용법

① **To eat** too much is unwise.

② I want **to go** to New York.

③ I found it difficult **to solve** the problem.

④ All I can do is **to give** him some advice.

⑤ It is not always easy **to** make ourselves understood.

⑥ I don't know **where to go.**

【해석】 ① 과식은 현명하지 못하다.

② 나는 뉴욕에 가기를 원한다.

③ 나는 그 문제를 해결하는 것이 어렵다는 것을 알았다.

④ 내가 할 수 있는 일은 다만 그에게 충고를 하는 것뿐이다.

⑤ 우리 자신을 이해시키는 것이 항상 쉬운 것이 아니다.

⑥ 나는 어디로 가야 할지 모르겠다.

【해설】 부정사가 명사로 사용되어 주어, 보어, 목적어의 역할을 하여서 「~하는 것, ~하기」로 해석한다. ① 주어 ② 목적어 ③ 진목적어 ④ 보어 ⑤ 진주어 ⑥ 의문사+부정사

(2) 형용사적 용법

① He asked me for something **to eat.**

② He has no family **to support.**

③ He has enough **money to buy** food **with.**

④ He is not a **man to rely upon.**

⑤ He has no house **to live in.**

⑥ They **are to arrive** here tomorrow afternoon.

⑦ Traffic rules **are to be observed** everywhere.

⑧ No one **was to be seen** in the forest.

⑨ She **was** never **to see** her mother again.

cf. Our wish **is to maintain** the world peace.

⑩ You must speak out, if we **are to remain** friends.

【해석】① 그는 내게 먹을 것을 달라고 요청했다.

② 그는 부양가족이 없다.

③ 그는 음식을 살 돈이 충분히 있다.

④ 그는 신뢰할 수 있는 사람이 아니다.

⑤ 그는 살 집이 없다.

⑥ 그들은 내일 오후에 여기 도착할 예정이다.

⑦ 교통법규는 어디서나 지켜져야 한다.

⑧ 숲속에서는 아무도 보이지가 않았다.

⑨ 그녀는 영영 그녀의 어머니를 다시 만나지 못하게 되었다.

　　cf. 우리의 소망은 세계 평화를 유지하는 것이다.

⑩ 친구로 남으려면 너는 솔직해야 한다.

【해설】①② 부정사가 형용사로 사용되어 명사를 수식. 해석은 「~하는, ~할」로 한다.

③④⑤ 전치사를 수반하는 부정사의 형용사적 용법: 이때 전치사를 맨 뒤에 두는 것에 유의할 것. 이것은 수식받는 명사가 수식하는 부정사의 목적어인 관계에 있으므로 끝에 전치사가 없으면 연결될 수 없다. 「전치사+관계대명사+to 부정사」 구문에서 관계대명사가 생략되고 전치사가 뒤로 온 것으로 생각할 수도 있다. 이때 전치사의 목적격인 관계대명사가 생략되었는데 전치사는 그 자리에 둘 수 없으므로 동사 다음으로 후치시킨 결과이다.

=He has enough money **with which to buy** food.

④ =He is not a man **upon whom we can rely.**

⑤ =He has no house **in which to live.**

⑥⑦⑧⑨⑩은 to 부정사의 형용사적 용법 중 「be+부정사」로서 「예정, 의무, 가능, 운명」을 나타낼 때 쓰이는 구문이다. ⑥ (예정) ⑦ (의무) ⑧ (가능) ⑨ (운명)

cf. to maintain은 부정사의 「명사적 용법」이므로 「be+부정사」의 구문에 해당되지 않는다.

⑩ (의도)

(3) 부사적 용법

① I was pleased **to get** your letter.

② He was a fool **to let** her do it.

③ I went to the station **to see** him **off**.

④ **To see** him swimming, one would suppose he was young.

⑤ He grew up **to be** an engineer.

⑥ He left Korea, never **to return**.

⑦ He is not old **enough to go** to school.

⑧ This river is very **dangerous to swim** in.

【해석】 ① 나는 너의 편지를 받아서 기뻤다.

② 그는 그녀가 그 일을 하도록 내버려두는 것을 보니 바보였다.

③ 그를 배웅하러 역에 갔다.

④ 그가 수영하고 있는 것을 보면 사람들은 그가 젊다고 생각할 것이다.

⑤ 그는 자라서 기술자가 되었다.

⑥ 그는 한국을 떠난 후 결코 다시는 돌아오지 못했다.

⑦ 그는 학교 갈 나이가 아니다.

⑧ 이 강은 수영하기에 매우 위험하다.

【해설】 감정의 원인, 이유를 나타내는 부정사는 부사의 역할을 하는데, 이때 이 부정사는 앞의 동사나 형용사를 수식한다. 이런 경우 「~을 하니」 「~하고서」 「~을 하다니」 등으로 번역되며, 이 부정사 앞에는 대개의 경우 감정을 나타내는 형용사가 온다.

① (원인 · 이유) ② 판단의 근거 ③ (목적) ④ (가정 · 조건) ⑤ (결과)

⑥ (결과)

⑦ 부사를 수식 ⑧ 형용사를 수식

EXERCISE 01

부정사의 용법을 말하시오.

1. To err is human, to forgive divine.

2. He is the very man to do this job.

3. He is a lucky man to have a such a good wife.

4. To know oneself is difficult.

5. He is the last man to tell a lie.

6. You are to start at once.

7. My mother lived to be ninety-five.

8. I found it easy to read this book.

9. My wish is to live a healthy life.

10. I have been to the airport to see her off.

2 부정사의 의미상의 주어

1. She is learning **to sing**.
2. I asked **him to go** in my place.

   Mother told **me to clean** the room.

   cf. I promised him **to join** his party.
3. It is necessary **for him to attend** the conference.

   This book is difficult **for a middle school boy to read.**
4. It is **rude of you to** speak that way.

【해석】 1. 그녀는 노래 부르기를 배우고 있는 중이다.

2. 나는 그에게 내 대신 가라고 했다. 엄마는 나에게 방을 청소하라고 말했다

   cf. 나는 그에게 그의 파티에 참석하겠다고 약속했다.

3. 그가 회의에 참석하는 것이 필요하다.

   이 책은 중학생 소년이 읽기에는 어렵다.

4. 네가 그런 식으로 말하는 것은 무례하다.

【해설】 1. 부정사의 의미상의 주어가 술어동사의 주어와 일치하는 경우

2. 술어동사의 주어와 의미상의 주어가 다른 경우: 「동사+목적어(대명사)+부정사」

3. 술어동사의 주어와 의미상의 주어가 다른 경우: 「for+목적어+부정사」

4. 대개 good, nice, kind, wise, rude, foolish, careless 등의 사람의 성질을 나타내는 형용사가 나올 때는 「for+사람」 대신에 「of+사람」으로 쓴다.

③ 원형부정사(to 없는 부정사)를 쓰는 경우

1. I **saw** him **cross** the street.

   He **felt** his limbs **tremble**.

2. I **heard** the music **played** many times.

   I **found** the house **cleaned** up.

3. This **made** her **cry** bitterly.

   He would not **let** me **go** out.

4. You **had better consult** the doctor.

   We **had better not drink** too much.

   I **cannot but feel** sorry for her.

【해석】 1. 나는 그가 길을 건너는 것을 보았다.

　　　　그는 그의 팔다리가 떨리는 것을 느꼈다.

　　　　2. 나는 그 음악이 연주되는 것을 여러 번 들었다.

　　　　난 집이 말끔히 치워진 것을 알았다.

　　　　3. 이것이 그녀를 몹시 울게 했다.

　　　　그는 나를 밖으로 내보내지 않았다.

　　　　4. 의사에게 상담을 하는 편이 낫겠어요.

　　　　우리는 술을 너무 많이 마시지 않는 것이 좋다.

　　　　나는 그녀에게 미안함을 금할 수 없다.

【해설】 1. 지각동사(feel, hear, see, watch 등) 뒤에서 목적보어로 원형부
　　　　정사를 쓴다.

　　　　2. 주어+지각동사+목적어+P.P.

　　　　목적어가 사물인 경우 목적보어는 과거분사 형태를 취한다.

　　　　3. 남에게 행위를 시키는 사역의 뜻을 가지고 있는 사역동사(have, let,
　　　　make 등) 뒤에서 목적보어로 원형부정사를 쓴다.

　　　　4. 관용적인 표현에서 to 없는 부정사를 사용하는 경우

※ get+사람+부정사:~에게~하게 하다

　　get는 5형식 문장에서 사역동사와 뜻이 같다. 그러나 let, have, make와 달리 to를 생략하
지는 않는다.

　　Her father would not **get her to go** to the dance.

　　그녀의 아버지는 그녀를 춤추러 가지 못하게 했다.

　　He **got attendants to leave** the hall at once.

　　그는 참석자들에게 홀에서 즉시 떠나도록 했다.

　　You will never **get him to understand**.

　　너는 결코 그를 이해시키지 못할 것이다.

　　I can't **get her to talk**.

　　나는 그녀에게 말을 시킬 수 없다.

※ have+목적어+과거분사 구문 「…이~하게 되다 [~한 일을 당하다]」 or 「(남에게)…을~하
게 하다」의 뜻.

　　A wealthy industrialist **has a car manufactured**.

　　한 부유한 실업가가 자동차 한 대를 제조하게 했다.

You'd better **have your hair cut.**
너는 머리를 깎는 게 좋겠다.
He **had his car repaired.**
그는 자기 차를 수리시켰다.
I must **have the letter signed** first.
나는 우선 그 편지에 서명을 해야 한다.

EXERCISE 02
어법상 틀린 부분을 바르게 고치시오.

1. I cannot but to feel sorry for his failure.

2. I was made enter the room by myself.

3. She was enough smart to solve the question.

4. He got his son help with the household chores.

5. I expect seeing him on Sunday.

6. If you happen to see Tom, ask him call me.

7. All I did was report the accident.

8. She had better not to go alone.

9. They are looking for a house to live.

10. It was careless for you to leave your cell phone in the taxi.

11. The doctor won't make me get up yet.

12. I saw him to enter the classroom.

13. He was seen go out by me.

14. I told him to not play tennis here.

15. I had my purse steal.

4 기타

1. I got up early **so as to** be in time for the first train.

    cf. I get up early (**in order**) **to catch** the first train.

2. This is ripe **enough** (for us) **to eat**.

    They had **enough** food **to last** for a month.

3. This question is **too** difficult (for me) **to answer**.

    (=This question is **so** difficult **that** I can**not** answer it)

4. He made a gesture **as if to take** my hand.

【해석】 1. 나는 첫 기차를 타기 위해 일찍 일어났다.

      cf. 나는 첫 기차를 타기 위해 일찍 일어났다.

   2. 이것은 우리가 먹을 수 있을 만큼 충분히 익었다.

      그들은 한 달 동안 먹을 충분한 음식을 가지고 있었다.

   3. 이 질문은 너무 어려워서 (나는) 대답을 할 수 없다.

   4. 그는 내 손을 잡으려는 듯 손짓을 했다.

【해설】 1. so as to~ : 목적을 나타낸다.

   2. 「enough(for~)+to do」형.

   3. 「too~(for~)+to do」형은 부정의 뜻을 지닌다.

   4. as if, as though가 부정사와 함께 사용되기도 한다.

⑤ 부정사의 시제

1. She **seems to be** rich.

2. She **seemed to be** rich.

3. She **seems to have been** rich.

4. She **seemed to have been** rich.

5. He hopes **to succeed**.=He hopes (that) he **will succeed**.

6. I **expect** you **to pass** the examination.

7. I **hoped to have seen** him yesterday.

【해석】 1. 그녀는 부자처럼 보인다.

2. 그녀는 부자처럼 보였다.

3. 그녀는 부자였던 것처럼 보인다.

4. 그녀는 부자였던 것처럼 보였다.

5. 그는 성공하기를 바란다.

6. 나는 네가 시험에 합격하기를 기대한다.

7. 나는 어제 그를 봤으면 하고 바랐다. (못 만났다)

【해설】 1.2. 단순부정사: 부정사의 시제는 본동사와 같다.

She seems **to be** rich.=It **seems** that she **is** rich.

She seemed **to be** rich.=It **seemed** that she **was** rich. 그녀는 부자처럼 보였다.

3.4. 완료부정사: 부정사의 시제는 본동사보다 하나 앞선다.

She seems **to have been** rich.=It **seems** that she **was** (*or* has been) rich.

She seemed **to have been** rich.=It **seemed** that she **had been** rich.

5. 미래의 의미가 있는 동사(hope, wish, want, expect) 다음에 오는 부정사의 시제는 미래를 나타낸다. He hopes **to succeed**.=He hopes

(that) he **will succeed**.그는 성공하기를 바란다.

6. 의미상의 주어가 you이므로 that절의 주어는 you로 써야 한다.

I expect you **to pass** the examination.=I expect that **you** will pass the examination.

7. 소망의 동사 과거형(wanted, wished, hoped, intended, expected, desired 등), 혹은 be 동사의 과거형(was, were) 다음에 완료 부정사가 오면 이루지 못한 사실을 나타낸다.

EXERCISE 03
단문은 복문으로, 복문은 단문으로 쓰시오.

1. He expects to succeed.

2. He expected me to succeed.

3. You appear to be angry.

4. You appeared to be angry.

5. I hope to recover soon.

6. It seems that she is honest.

7. It seemed that she was honest.

8. It seemed that she had been a beauty in her youth.

6 to 부정사의 수동태

1. Everybody wants **to be loved**.

   John persuade her **to be examined** by the doctor.

2. You are **to blame**(=to be blamed).

【해석】 1. 누구나 사랑받기를 원한다.

존은 그녀를 설득하여 의사에게 진찰받도록 했다.

2. 너는 비난받아야 한다. (네 탓이다.)

【해설】 1. to 부정사를 수동태로 바꿀 때 to be+p.p. 형식이 된다.

2. 능동태로 표시하고 있으나 수동의 의미를 갖는 경우.

⑦ 대부정사(Pro-Infinitive)

to뿐으로 그다음에 올 동사가 생략된 부정사인데 회화체에 흔하다.

1. Don't go unless you want **to**.

2. Will you help me? I'll be glad **to**.

【해석】 1. 가고 싶지 않으면 가지 마.

2. 나를 도와줄래? 기꺼이 도와줄게.

⑧ 분리 부정사(Split Infinitive)

to와 다음에 오는 동사 사이에 부사가 들어가서 「to+부사+원형동사」의 형태를 취한다. 분리 부정사는 몇 개의 동사가 있을 때 그것을 수식하는 부사의 위치로 인하여 문장의 의미가 모호해질 경우에만 쓴다.

1. He wished **to completely forget** his mistake.

2. It is difficult **to really appreciate** great literary works.

【해석】 1. 그는 그의 실수를 완전히 잊기를 바랐다.

2. 위대한 문학작품을 참으로 감상하기는 어렵다.

9 독립부정사

1. **To tell the truth**, I do not have any money with me.
2. **Strange to say**, the lion did not kill him.

【해석】 1. 솔직히 말해서 나는 돈이 하나도 없다.

2. 이상한 이야기이지만, 그 사자가 그를 죽이지 않았다.

EXERCISE 04

다음 괄호 안에서 알맞은 것을 고르시오.

1. She has a reason (not to attend, to not attend) the class.

2. I think that he is a beauty.=I consider her (to be, to have been) a beauty.

3. It seems that they were learning Chinese.=They seem(to be learning, to have been learning) Chinese.

4. She felt something (touch, to touch) her shoulder.

5. I asked my sister (to clean, clean) the room.

6. I'll have the secretary (to check, check) the e-mails.

7. It is necessary (for, of) you to attend the meeting.

8. It was silly (for, of) us to believe him.

9. Can you recommend a good restaurant (for, of) me to eat?

10. She appears (to be, to have been) pretty when she was young.

EXERCISE 05

다음을 우리말로 해석하시오.

1. She was delighted **to see** her old friend.

2. He **is to arrive** tomorrow afternoon.

3. You **are to come** with me.

4. The purse **was** not **to be found** anywhere.

5. Give me a chair **to sit on**.

6. **Where to go** is the question.

7. Such men **are to be** pitied rather than despised.

8. He is not a man **to get on with**.

9. He promised **never to make** such a mistake.

10. He has nothing **to eat**.

05

동명사(Gerund)

1. 동사에 -ing를 붙여 명사처럼 쓸 수 있다. ex. I like going shopping. 나는 쇼핑 하러 가는 것을 좋아한다.
2. 동명사는 주어, 보어, 목적어로 쓸 수 있다.
   ex. Seeing is believing. 보는 것이 믿는 것이다. (주어, 보어)
   I remembered seeing her at the mall. 나는 상점에서 그녀를 보았던 것 을 기억 했다. (목적어)
3. 동명사의 의미상의 주어는 소유격이나 목적격으로 쓴다.
   ex. My mom didn't like my(me) going abroad for study. 엄마는 내가 외 국 유학 가는 것을 좋아하지 않는다.
4. 동명사의 부정은 앞에 not [never]을 붙여 만든다.
   ex. I can't stand not seeing her again. 나는 그녀를 다시 볼 수 없다는 것 을 견딜 수 없다.

① 동명사의 명사적 성질과 동사적 성질

1. **Speaking** English well is very difficult.

Rising early is good for your health.

2. Would you mind **opening** the window?

　He began **singing** a song.

3. My hobby is **playing** the piano.

　His job is **delivering** newspapers.

4. He insisted **on paying** the money himself.

　He passed by without **seeing** me

【해석】 1. 영어를 잘 말하기는 아주 어렵다.

　　　　일찍 일어나는 것이 건강에 좋다.

　　　2. 창문 좀 열어주시겠어요?

　　　　그는 노래를 부르기를 시작했다.

　　　3. 내 취미는 피아노를 치는 것이다.

　　　　그의 일은 신문을 배달하는 것이다.

　　　4. 그는 그 돈을 직접 지불할 것을 고집했다.

　　　　그는 나를 보지 못하고 지나갔다.

【해설】 1. Speaking은 English를 목적어로 취하고 well의 수식을 받으며 주어로 쓰였다. Rising은 주어로 쓰였다.

　　　2. 목적어로 쓰였다.

　　　3. 보어로 쓰였다.

　　　4. 전치사의 목적어. 전치사 다음에 동사를 쓸 때에는 동명사를 쓴다.

② 동명사와 부정사

1. She **avoids walking** on the dark streets at night.

2. He **promised to exercise** every day.

3. The baby **began to cry.**

4. I stopped **smoking**.

I stopped **to smoke**.

【해석】 1. 그녀는 밤에 어두운 길을 걷는 것을 피한다.

2. 그는 매일 운동을 하겠다고 약속했다.

3. 아기가 울기 시작했다.

4. 나는 담배를 끊었다.

나는 담배를 피우기 위해 멈췄다.

【해설】 1. **mind, finish, enjoy, admit, avoid, deny, miss, practice, resent, consider, escape, postpone 등은 동명사만을 목적어로 취한다.**

Would you **mind opening** the window?

(창문 좀 열어주시겠습니까?)

I **finished** reading the book last night.

(나는 지난 밤 그 책을 다 읽었다.)

I've **enjoyed talking** with you.

(이야기 즐거웠습니다.)

2. want, hope, decide, plan, promise, choose 등은 부정사만을 목적어로 취한다.

I **want to be** a singer. (나는 가수가 되기를 원한다.)

She has **decided to study** abroad. (그녀는 유학을 가기로 결정했다.)

3. **begin, continue, like 등은 동명사와 부정사 모두를 목적어로 취할 수 있는 동사들이다.**

They **began coming**(=to come) around 300 B.C.

(그들은 B.C. 300년경에 오기 시작했다.)

He **continues living**(=to live) with his parents.

(그는 내내 부모와 함께 살았다.)

Boys **like playing**(=to play) out in the open.

(사내아이들은 야외에서 노는 것을 좋아한다.)

4. remember, stop, hate, forget 등은 목적어를 동명사로 썼을 때
   와 부정사로 썼을 때 그 의미가 달라진다.

   I **remember seeing** him. You must remember to see him.
   (나는 그를 만난 기억이 있다. 그를 만나는 것을 잊어서는 안 된다.)
   I **stopped eating. I stopped to eat.**
   (나는 먹는 것을 중단했다. 나는 먹기 위해 멈췄다.)

③ 동명사의 시제

1. He is proud of **being** successful.

2. The boy denied **having stolen** the bicycle.

   I regret **having wasted** the money on such things.

3. He was ashamed of **being laughed at** by her.

   She liked **being admired** by everybody around her.

   Choson Dynasty teabowls began **being imported** to Japan.

4. The car thief was arrested **after having been chased** for more

   than an hour.

【해석】 1. 그는 성공했다고 자부한다.
    2. 그 소년은 자동차를 훔친 것을 부인했다.
       나는 그런 것들에 돈을 낭비한 것을 후회한다.
    3. 그는 그녀에게 비웃음을 당하는 것이 부끄러웠다.
       그녀는 주위의 모든 사람에게 칭찬받는 것을 좋아했다.
       조선왕조의 찻잔이 일본으로 수입되기 시작했다.
    4. 자동차 도둑은 한 시간 이상을 추격당한 후에 체포되었다.
【해설】 1. 단순동명사: 술부동사와 같은 시제 혹은 나중 시제이다.
       He **is** proud of **being** successful.=He **is** proud that he **is**
       successful.

He is sure of **winning** the tennis match.

=He **is** sure that he **will win** the tennis match.

2. 완료동명사: having p.p.(술부동사보다 시제가 하나 앞선다)=The boy **denied** that he **had stolen** the bicycle.

(예) He regrets **having said** such things.

=He regrets that he **has said** such things.

그는 그런 말을 한 것을 후회하고 있다.

He regretted **having said** such things.

=He regretted that he **had said** such things.

그런 말을 했던 것을 후회하고 있었다.

3. 동명사의 수동태=He was ashamed that he **was laughed at** by her.

4. 동명사의 완료 수동태: having been p.p.=after he **had been chased** for an hour.

4 동명사의 의미상의 주어

부정사와 마찬가지로, 동명사에도 의미상의 주어가 있다.

1. Mr. Brown is proud of **having been** a successful businessman.

2. I am sure of **his [him] passing** the examination.

3. She insists on **the man('s)** being innocent.

4. He insisted on **going** there.

5. Don't be ashamed of **being** poor.

6. I am sure of **his being** a man of ability.

7. There's no chance of **Frank's** being saved.

【해석】 1. 브라운 씨는 성공적인 사업가였다고 자랑스러워한다.

2. 나는 그가 시험에 합격할 것을 확신한다.

3. 그녀는 그 남자가 결백하다고 주장한다.

4. 그는 그곳에 가기를 고집했다.

5. 가난하다고 부끄러워하지 마라.

6. 나는 그가 능력 있는 사람이라고 확신한다.

7. 프랭크가 구출될 가능성은 없다.

【해설】 동명사의 의미상 주어가 일반 주어(일반 사람을 나타내는 we, you, they 등)이면 이를 명시하지 않는다. (예) seeing is believing.

1. 문장의 주어가 동명사의 주어와 일치하는 경우

   =**Mr. Brown** is proud that **he** has been a successful businessman.

2. 의미상의 주어가 대명사일 경우

   =I am sure that **he will pass** the examination. 인칭 대명사의 경우 소유격 대신에 목적격을 쓸 수 있다.

3. 의미상의 주어가 명사일 때는 목적격

   =**She** insists that **the man** is innocent.

   <대명사의 경우는 소유격, 명사의 경우는 목적격이 더 자주 쓰인다.>

4. =He insisted that **he (should) go** there.

5. =Don't be ashamed that **you are** poor.

6. =I am sure that **he is** a man of ability.

7. =There's no chance that **Frank** will be saved.

⑤ 능동태로서 수동의 의미를 지니고 있는 경우

1. My socks want **mending**.

2. He deserves **punishing** for his bad manners.

1. 내 양말은 수선이 필요하다.

2. 그는 행실이 나빠서 벌을 받아 마땅하다.

6 동명사의 관용적 표현

1. A dense fog **prevented** our plane **from landing** at the airport.
2. **There is no satisfying** spoiled children.
3. I **cannot help feeling** sorry for him.
4. **It is no use excusing** yourself.
5. **What do you say to going** out for a walk?
6. I spent five hours **finishing** the work.
7. He's **busy** (in) **typing** his report.
8. She **went shopping** at the supermarket.
9. I **felt like crying**.
10. I **make a point of going** for a walk every day.
11. It **goes without saying that** man eats to live.
12. I can**not** look at the photographs **without recollecting** those happy days.

【해석】 1. 짙은 안개는 우리의 비행기가 공항에 착륙하는 것을 막았다.

2. 버릇없는 아이들을 만족시키기는 불가능하다.

3. 그를 가엽게 생각하지 않을 수 없다.

4. 변명해야 소용없다.

5. 잠시 산책하는 게 어때요?

6. 나는 그 일을 끝내는 데 5시간을 보냈다.

7. 그는 그의 보고서를 타이핑하느라 바쁘다.

8. 그녀는 슈퍼마켓에 장을 보러 갔다.

9. 나는 울고 싶다.

10. 나는 매일 산책하는 것을 규칙으로 삼고 있다.

11. 사람은 살기 위해 먹는다는 것은 말할 필요가 없다.

12. 나는 사진을 보면 행복했던 시절을 기억하지 않을 수 없다.

【해설】 1. **prevent** [keep]+목적어+**from -ing**「～가～하는 것을 막다」

2. **There is no -ing**「～하기는 불가능하다」=It is impossible **to satisfy** spoiled children.

3. **cannot help -ing**「～할 수밖에 없다」=cannot but+원형, I cannot but **feel** sorry for him.

4. **It is no use** [no good] **-ing**「～하는 것은 소용없다」
=There is no use [no good] (in) -ing / It's of no use to+원형

5. **What do you say to -ing?**「～하는 게 어때요?」<제안>
=How about -ing? / Let's～, shall we?=How about **going** out for a walk?

6. **spend**+시간+**(in) -ing**「～하는 데 시간을 보내다」

7. **be busy (in) -ing**「～하느라고 바쁘다」be busy with+명사「～로 바쁘다」

8. **go～ing**「～하러 가다」

9. **feel like～ing**「～하고 싶다」

10. **make a point of～ing**「～하는 것을 규칙으로 삼다」

11. **It goes without saying that～**=it is needless to say that～: 「～을 말할 필요도 없다」

12. **not… without～ing:**「…하면 반드시～한다」

* 주의: to가 전치사일 경우 그 뒤에는 원형이 아니라 -ing를 써야 한다.
object **to** -ing「～을 반대하다」
be used **to** -ing「～에 익숙하다」(=be accustomed to -ing)
look forward **to** -ing「～을 학수고대하다」
with a view **to** -ing「～할 목적으로」(=with the view **of** -ing)

EXERCISE 01

다음 ( ) 속의 단어 중 옳은 것을 고르시오.

1. We enjoyed (to watch, watch, watching) the baseball game.

2. Have you finished (writing, to write, write) a letter?

3. I want (to go, going) to America.

4. He promised (to never smoke, never to smoke) again.

5. He complains of the room (be, to be, being) too small.

6. Would you mind (my opening, me to open) the window?

EXERCISE 02

다음 문장에서 알맞은 동사 형태를 쓰시오.

1. You should stop (invent) convenient excuses.
   편리한 변명들을 꾸며내기를 그만두어야 한다.

2. The next rule is to avoid (talk) too much about yourself.
   다음 규칙은 자기 자신에 관한 이야기를 너무 많이 하지 말라는
   것이다.

3. (Be) a good conversationalist takes great skill.
   능숙한 대화자가 된다는 것은 대단한 기술을 요한다.

4. You cannot be too careful in (choose) your friends.
   친구를 선택함에 있어서는 아무리 조심하여도 지나치지 않다.

5. He likes to go (fish) in the summer.

그는 여름에 낚시하러 가는 것을 좋아한다.

EXERCISE 03
어법상 틀린 부분을 바르게 고치시오.

1. I remember to see her before.

2. I am used to do this kind of work.

3. Have you finished to send a e-mails?

4. I don't like he going to America.

5. Take a walk every morning is good exercise.

6. There is no reason for your be late for school.

7. The rain prevented me to enjoy the trip.

8. He insisted to have his money paid.

EXERCISE 04
두 문장이 뜻이 같아지도록 빈칸을 채우시오.

1. He regretted having been idle in his youth.

   → He regretted _____.

2. I regret that I did not take your advice.

   → I regret _____.

3. He denied having failed in the business.

→ He denied _____.

4. I admit that I have done wrong.

   → I admit _____.

5. I remember that I saw the movie a long time ago.

   → I remember _____.

6. I am sure that he will pass the examination.

   → I am sure of _____.

7. We had no doubt that he was ill in bed.

   → We had no doubt of _____.

8. He is proud that his son is a doctor.

   → He is proud of _____.

9. She insisted that he study abroad.

   → She insisted on _____.

10. I am sorry that Jane broke up her boyfriend.

    → I am sorry for _____ up her boyfriend.

06

분사(Participle)

1. **분사**는 동사와 형용사의 역할을 하는 것으로서, **현재분사와 과거분사**의 두 종류가 있다. 현재분사는 「원형+-ing」의 형태를 취하고, 과거분사는 동사의 과거분사형을 말한다.
2. 분사는 형용사처럼 명사를 수식하는 한정 용법과 주어나 목적어에 대해 설명하는 주격보어, 목적격보어 역할을 한다.

1 현재분사의 기본적 용법: 현재분사는 진행 및 능동의 의미를 가진다.

1. A **drowning** man will catch at a straw.
2. The lady **addressing** the audience now is a famous writer.
3. My grandfather used to go **finishing** every Sunday.
4. I felt someone **touching** my back.

【해석】 1. 물에 빠진 지푸라기라도 잡으려고 한다.
　　　 2. 청중에게 연설을 하는 숙녀는 유명한 작가이다.

3. 나의 할아버지는 일요일마다 낚시를 가곤 했다.

4. 나는 누가 내 등을 만지는 것을 느꼈다.

【해설】1. 명사를 수식하는 현재분사

2. 현재분사가 다른 어구를 동반하면 명사의 뒤에 위치한다.=The lady who is addressing now is a famous writer.

3. 자동사의 보어로 쓰인 현재분사 「낚시질하러 가다」

4. 타동사의 목적격보어로 쓰인 현재분사. 목적어와는 능동의 관계에 있다.

② 과거분사의 기본적 용법: 과거분사는 완료 및 수동의 의미를 가진다.

1. The cold wind came through the **broken window**.

   cf. The ground was covered with **fallen leaves**.

2. The parents admired **the picture painted** by their child.

3. The child looked pale and **frightened**.

4. I was almost asleep when I heard **my name called**.

【해석】1. 차가운 바람이 깨진 창문을 통해 들어왔다.

   cf. 땅바닥은 낙엽으로 뒤덮여 있었다.

2. 부모들은 아이가 그린 그림에 감탄했다.

3. 그 아이는 창백하고 겁에 질려 보였다.

4. 나는 내 이름이 불리는 것을 들었을 때 거의 잠들어 있었다.

【해설】1. 명사를 수식하는 과거분사 「깨어진 창」 <수동>

   cf. 자동사의 과거분사는 완료의 의미이다. 「떨어진 잎」

2. 과거분사도 다른 어구를 동반하면 명사의 뒤에 위치한다.

   =~the picture **which was painted** by~

3. 자동사의 보어로 쓰인 과거분사

4. 타동사의 목적격보어로 쓰인 과거분사. 목적어와는 수동의 관계에 있다.

   cf. My name **was called**.

③ 분사구문: 〈접속사+주어+동사〉 형태의 부사절을 현재분사
〈v-ing〉가 이끄는 부사구로 만드는 것이다.

① 접속사를 없앤다.
② 부사절의 주어가 주절의 주어와 같으면 없앤다.
③ 부사절과 주절의 시제가 같으면 부사절의 동사를 <v-ing>로 바꾼다.
④ 부사절과 주절의 시제가 같고, 부사절의 동사가 수동이면 being p.p.로 바꾼다. 이
때 being을 생략하고 p.p.만 쓰는 경우가 많다.
⑤ 주절 동사보다 부사절 동사가 한 시제 더 과거일 경우일 때 부사절 동사를 having
p.p.로 바꾼다.

1. When I was walking in the park, I happened to meet him.
   → **Walking** in the park, I happened to meet him. (때)

2. I fell and struck my head against the door.
   → I fell, **striking** my head against the door. (부대상황)

3. As I had a light headache, I went to bed early. (이유)
   → **Having** a light headache, I went to bed early.

4. As she was shocked at the news, she couldn't speak.
   → (Being) **Shocked** at the news, she couldn't speak.

   As the house is situated on the hill, it commands a fine view.
   → **Situated** on the hill, the house commands a fine view.

5. As she has been deceived many times, she is now on her guard.
   → **Deceived** many times, she is now on her guard.

6. **Not knowing** what to do, she turned to me for help.

7. **Having finished** my homework, I watched the TV.

8. **My mother being ill,** I was absent from school.

9. **Frankly speaking**, his new novel is not appealing.

10. **Having no time**, it was impossible to visit him. (x)

   Having no time, we couldn't visit him. (o)

【해석】 1. 공원을 걷고 있을 때 우연히 그를 만났다.

2. 나는 넘어져서 머리를 문에 박았다.

3. 가벼운 두통이 있어서 일찍 잠자리에 들었다.

4. 그 소식에 충격을 받아서 그녀는 말을 할 수가 없었다.

   언덕 위에 위치해 있으므로, 그 집은 좋은 경치를 바라볼 수 있다.

5. 여러 번 속았기 때문에, 그녀는 이제 경계를 한다.

6. 무엇을 해야 할지를 몰라서 그녀는 나에게 도움을 청했다.

7. 숙제를 끝낸 후 나는 TV를 보았다.

8. 엄마가 아프셔서 나는 학교에 결석했다.

9. 솔직히 말해서 그의 새 소설은 매력이 없다.

10. 시간이 없어서 우리는 그를 방문할 수 없었다.

【해설】 1. 「때」를 나타내는 when으로 연결되는 부사절에서 접속사와 주어를 없애고 동사에 -ing를 붙인 것이다.

2. and로 연결된 연속 동작을 표현하는 등위절을 현재분사를 이용하여 축약하였다.

3. 이유·시간·조건·양보 등을 표현하는 부사절의 <접속사·주어·동사>를 -ing형으로 바꾸면 분사구문이 된다.

4. 수동태가 쓰인 절을 분사구문으로 바꾸면 Being p.p.형이 되는데, Being은 보통 생략할 수 있다. 과거분사로 시작되는 분사구문은 원래의 절에서 「주어+be동사」를 생략하고 과거분사만 남은 것이므로 파동의 뜻을 가짐, 즉 분사구문 「Being+p.p.」의 형태에서 Being이 생략될 수 있으므로 이런 형태가 가능하며, p.p. 대신에 형용사가 와도 무방하다.

5. having been의 생략.

6. 분사구문의 부정은 not, never를 분사 앞에 놓는다.

← As she **didn't** know what to do, ~

7. 완료형이 쓰인 절을 분사구문으로 바꾸면 Having p.p.로 시작하게 된다. 주절의 때보다 앞선 때를 명확하게 나타낼 때 쓰인다.

← When I **had finished** ~

Having returned from his trip, he heard the news. 여행에서 돌아온 후에 그 소식을 들었다.

Having been encouraged by him, I could complete the work.

그에게 용기를 얻은 후에 나는 그 일을 마칠 수 있었다.

8. **분사구문의 의미상의 주어가 주절의 주어와 다를 때에는 의미상의 주어를 분사 앞에 놓는다.**

<독립분사구문> ← *As* **my mother** was ill, I ~

School being over, they went home. 수업이 끝나서 그들은 집에 갔다.

It (being) very cold, we could not go out. 날씨가 추워서 우리는 나갈 수가 없었다.

9. **무인칭 독립분사구문.** 분사구문의 의미상의 주어가 일반인칭(we, you, one)일 때에는 흔히 생략한다.

Judging from the sky, it will certainly rain. 하늘을 보니 틀림없이 비가 올 것이다.

He is very social, **considering his age**. 그는 나이에 비해 매우 사교적이다.

Roughly speaking, it weighs two pounds. 대충 말해서 그것은 무게가 2파운드다.

10. 독립분사구문이 아닌 경우에는 분사의 의미상의 주어는 반드시 주절

의 주어와 일치하여야 한다.

cf. As **I had** no time, it was~(o)

<주의> 부사절의 주어가 비인칭 It이거나 형식주어 There일 때는 주의하여야 한다.

As there was no bus service, we had to walk all the way.

→ **There** being no bus service.~

④ 분사구문의 부대 상황

「with+명사(대명사)+분사」의 구문으로 이것은 부대 상황의 분사구문의 일종이며 해석은 「~한 채」로 한다. 뒤에 오는 분사는 보어의 성격을 띠고 있어서 자동사인 경우엔 현재분사가 오고 타동사인 경우엔 과거분사가 온다.

1. **With** meat and milk consumption **increasing**, livestock farming will become more and more important.

2. He sat by the fire **with** his elbows **resting** on his knees.

3. **With** an eye **bandaged**, he could not write properly.

4. She stood **with** her hairs **waving** in the wind.

5. He was reading a book, **with** his wife **knitting** beside him.

6. She was waiting, (**with**) her back **leaning** against the wall.

7. He was speaking to his men, **with** his arms **crossed**.

【해석】 1. 육류와 우유의 소비가 증가하면서 축산업은 점점 더 중요해질 것이다.

2. 그는 팔꿈치를 무릎 위에 놓은 채로 불 곁에 앉았다.

3. 한쪽 눈을 붕대로 가렸으므로 그는 정확히 쓸 수 없었다.

4. 그녀는 머리카락을 바람에 나부끼며 서 있었다.

5. 그의 부인은 옆에서 뜨개질을 하는데 그는 책을 읽고 있었다.

6. 그녀는 등을 벽에 기댄 채 기다리고 있는 중이었다.

7. 그는 팔짱을 낀 채 부하들에게 말을 하고 있다.

EXERCISE 01

보기와 같이 두 문장을 연결하시오.

☞ Ex: He drove to Pusan.
He was accompanied by his daughter.
⟹ Accompanied by this daughter, he drove to Pusan.

1. Catherine was dressed in red.

   She came to the party.

   → _____

2. We were tired with work.

   We took a rest.

   → _____

3. She was left to herself.

She would feel lonely.

→ _____

4. He was well prepared for the exam.

He received the highest score in his class.

→ _____

5. Mary was asked to the baby-sitting by Mrs. Lee.

She decided to cancel her appointment with Paul.

→ _____

EXERCISE 02

다음 괄호 안에서 알맞은 것을 고르시오.

1. Things (done, doing) by halves are never done right.

2. A (rolled, rolling) stone gathers no moss.

3. Of those (inviting, invited) only a few came to the party.

4. I am sorry to have kept you (waiting, waited) so long.

5. I am very (excited, exciting) to meet her.

6. It was a really (excited, exciting) game.

7. I hate (barking, barked) dogs.

8. We found some (hiding, hidden) treasure.

9. The police arrested the (escaping, escaped) prisoner.

10. Which is the bag (belonging, belonged) to Jane.

EXERCISE 03
다음 밑줄 친 부분을 분사구문으로 바꾸시오.

1. <u>As he was ill</u>, he stayed at home.

2. <u>As there was a heavy snowfall</u>, the train was delayed.

3. <u>If we judge from the report</u>, the damage is great.

4. <u>Since I lived in the country</u>, I rarely had visitors.

5. <u>Though he was tired out</u>, he went out to work.

6. <u>When night came on</u>, we left for home.

7. She remained silent <u>because she didn't know what to do.</u>

8. <u>Since he had failed three times</u>, he didn't want to try again.

9. <u>As he was badly injured in the accident</u>, he cannot walk.

10. <u>If it is driven carefully</u>, the can run for 20 miles.

EXERCISE 04
다음 밑줄 친 분사구문을 절로 바꾸시오.

1. <u>Lying in bed</u>, she talked to her mother on the phone.

2. <u>Turning to the left</u>, you will see a drugstore.

3. Not knowing the way, she soon got lost.

4. Never having met him in person, I was surprised to see him at the door.

5. Born and brought up in America, I speak English fluently.

6. The dog barking at me, I ran away.

7. Worn out, she could not sleep.

8. Seeing me approach, she came down at once.

9. Having lost my purse, I cannot buy it.

10. Having finished my task, I went out for a walk.

EXERCISE 05

(   ) 안에 있는 동사를 현재분사 혹은 과거분사로 바꿔서 문맥에 맞게 쓰시오.

1. She sat alone in her room, (cry) all the time.

2. Those plays (write) 400 years ago are still popular.

3. The news was (surprise) to her.

4. The mother was (surprise) at the news.

5. He sat on the floor with his legs(cross).

EXERCISE 06

다음을 우리말로 해석하시오.

1. Who is the girl wearing a yellow cap?

2. Do you happen to know a boy called Tom?

3. You'd better take the bus leaving at one.

4. Admitting what you say, I cannot approve of your proposal.

5. He lay awake for a long time, thinking of his future.

6. Judging from his accent, he must be an Englishment.

7. Praised by the teacher, she felt very happy.

8. It being fine, we went for a walk.

9. With an eye bandaged, I could not write properly.

10. Having received no answer from him, I called him again.

07

일치와 화법(Agreement & Narration)

Point

1. 주어의 수와 인칭에 동사의 수 일치.
2. 시제 일치: 주절의 시제가 현재일 경우에는 종속절에는 어떤 시제가 와도 상관없다. 주절의 시제가 〈과거〉인 겨우 종속절의 시제는 과거나 과거완료형이 온다.
3. 시제 일치의 예외: 일반적, 과학적 사실 – 항상 현재시제, 역사적 사실 – 항상 과거 시제.
4. 화법의 전환: 전달동사, 인칭대명사, 시제 등을 알맞게 바꾼다.

1 주어–동사 수 일치

1. That boy among the babies **is** my son.

   Much water **is** needed.

   The students in my class **are** happy.

2. One of the girls **is** his sister.

3. To learn English **is** important.

   Listening to good music **helps** us relieve stress.

4. Toast and butter **is** my favorite breakfast.

5. Either you or he **has** to go to Pusan.

   Neither you nor I **am** rich.

   Not only you but also he **is** smart.

   He as well as you **is** smart.

6. Every girl and boy **was** invited to the party.

   Each house **has** a big garden.

7. Ten years **is** a long time.

8. **There is a** pen on the table.

   There are pencils on the table.

   There is some water in the glass.

   Here **is** Tom.

9. Seldom **does** the hunter **make** a mistake.

10. Happy **are** those who are poor in mind.

【해석】 1. 아기들 사이에 있는 저 소년은 나의 아들이다.

   많은 물이 필요하다.

   우리 학급의 학생들은 행복하다.

   2. 그 소녀들 중 한 명이 그의 누이이다.

   3. 영어를 배우는 것은 중요하다.

   좋은 음악을 듣는 것은 스트레스를 푸는 데 도움이 된다.

   4. 버터 바른 빵은 내가 좋아하는 아침식사이다.

   5. 너나 그 둘 중의 한 사람이 부산에 가야 한다.

   너도 부유하지 않고 나도 부유하지 않다.

   너뿐만 아니라 그도 똑똑하다.

   6. 모든 소년, 소녀들이 파티에 초대되었다.

각각의 집들은 큰 정원을 가지고 있다.

7. 10년은 긴 세월이다.

8. 탁자 위에 펜이 있다. ('거기에 펜이 있다'로 해석하면 안 됨!)

   탁자 위에 연필들이 있다.

   컵에 약간의 물이 있다. (water는 셀 수 없는 명사)

   여기에 톰이 있다. (또는)나타났다, 찾았다.

9. 그 사냥꾼은 좀처럼 실수를 하지 않는다.

10. 마음이 가난한 사람은 행복하다.

【해설】 1. 주어가 단수나 단수 취급되는 경우의 동사 형태: is, does, has, likes 등.

   주어가 복수인 경우의 동사 형태: **are, do, have, like.**

2. **<명사+수식어구+동사>**: 수식어구를 주어로 착각하면 안 된다.

   One of the girls **are** his sister. (x) (주어는 단수 One이다.)

3. **명사구나 명사절이 주어일 때는** 단수 취급한다.

4. A and B는 복수가 원칙이지만 「버터 바른 빵」은 단수로 취급한다. 「*Romeo and Juliet*(로미오와 줄리엣)」도 작품명으로서 단수 취급한다.

5. Either A or B, Neither A nor B, Not only A but also B일 때 동사는 B에 일치한다. A as well as B는 A에 일치시킨다.

6. every A and B, each는 단수로 취급한다.

7. 형식은 복수이지만 내용상 단수로 취급한다.

8. There be 주어 「~이 있다」, Here be 주어 「여기~이 있다」: 뒤쪽 주어와 수를 일치시킨다.

   cf. 대명사 주어는 동사 앞으로 나간다.

   There he is. 그가 저기에 있다.

   Here I am. 나 여기에 있다.

   cf. **Here we are.** 다 왔다. (도착했다.)

   Here you are. (찾는 것) 여기 있다.(=Here it is.)

9. **강조 전치에 의한 주어-동사의 도치**: 강조하는 말이 문두에 나가면 주어-동사가 도치되는 경우가 있다. 뒤쪽 주어와 동사의 수를 일치한다. 부정어, Only가 문장이나 절 앞에 온 경우: 주어-동사를 반드시 도치한다.

    Seldom **do** the hunter **make** a mistake. (x)

10. those who~하는 사람들. Happy **is** those who are poor in mind. (x)

2 **병치법**: 등위접속사와 등위상관접속사는 앞뒤로 동일한 형태를 연결한다.

1. The boy was healthy **and** able.

2. **Resting** and **taking medicine** will relieve you of pain. (o)
   Resting and **to take medicine** will relieve you of pain. (x)

3. She likes **to read** and **to travel**. (o)
   =She likes **to read** and **travel**. (o)

4. She is **young, energetic**, and **intelligent**. (o)
   She is **young, energetic**, and **has intelligence**. (x)
   He **changed** the oil, **checked** the pressure, and **filled** the tank with gas.

5. I like both **riding** and *running*. (o)
   I like both **riding** and **to run**. (x)

6. The tickets are neither **in my pocket** nor **in my purse**. (o)
   The tickets are neither **in my pocket** nor **my purse**. (x)

【해석】 1. 그 소년은 건강하고 유능했다.
   2. 쉬는 것과 약을 먹는 것이 너에게서 고통을 줄여줄 것이다.

3. 그녀는 책 읽기와 여행을 좋아한다.

4. 그녀는 젊고, 열정적이며 지적이다.

   그는 오일을 교환하고, 압력을 확인하고, 탱크를 휘발유로 채웠다.

5. 나는 운전하는 것과 달리는 것 둘 다를 좋아한다.

6. 그 표들은 내 주머니에도 없고, 내 지갑에도 없다.

【해설】 1. 등위접속사: and or, but

2. 앞뒤가 동일한 형태여야 한다.

3. 부정사의 병치는 「to 동사원형 and to 동사원형」 또는 「to 동사원형 and 동사원형」도 가능하다.

4. 세 개 이상을 연결할 때: A, B, and C가 동일한 형태여야 한다.

5. **등위상관접속사**: 상관어구가 이루어져야 하고, A와 B 형태가 동일해야 한다.

> both A and B A와 B 둘 다
> either A or B A 또는B 둘 중의 하나
> neither A nor B A와 B 둘 다 아니다
> not only A but(also) B A뿐만 아니라 B도

6. The tickets are neither **in my pocket** nor **my purse**. (x)
   neither 뒤에는 부사구, nor 뒤에는 명사가 와서 병치가 되지 않는다.

EXERCISE 01

괄호 속에서 옳은 것을 고르시오.

1. Slow and steady (wins, win) the race.

2. The rest of the students (is, are) studying in the library.

3. Each student (is, are) carrying a backpack.

4. Physics (is, are) the subject that like most.

5. He as well as we (go, goes) to church on Sunday.

6. Eating breakfast (is, are) important for your health.

7. Neither my sister nor I (is, am) rich.

8. The homeless (is, are) in need of help.

9. A black and white dog(is, are) running over here.

10. He said that he (will, would) succeed in five years.

11. I found that I (left, had left) my wallet on the bus.

12. We learned that water (boiled, boils) °C.

13. Every girl in the classroom (like, likes) him.

14. The earings on the table (is, are) hers.

15. The audience (run, runs) to nearly 5,000.

③ 시제의 일치

주절과 종속절이 있는 문장에서 주절의 동사와 종속절의 동사는 그 시제가 맞아야 하는데 이것을 시제의 일치라고 한다.

1. I think she **lived** a happy life.

   I think she **lives** a happy life.

   I think she **will live** a happy life.

2. I thought she **had lived** a happy life.

   I thought she **lived** a happy life.

   I thought she **would live** a happy life.

3. We learned that the earth goes around the sun.

The teacher said that World War Ⅱ broke out in 1939.

【해석】 1. 나는 그녀가 행복한 삶을 **살았다고 생각한다**.

　　　　나는 그녀가 행복한 삶을 **산다고 생각한다**.

　　　　나는 그녀가 행복한 삶을 **살 거라고 생각한다**.

　　　2. 나는 그녀가 행복한 삶을 **살았다고 생각했다**.

　　　　나는 그녀가 행복한 삶을 **산다고 생각했다**.

　　　　나는 그녀가 행복한 삶을 **살 거라고 생각했다**.

　　　3. 우리는 지구가 태양 주위를 돈다고 배웠다.

　　　　선생님은 제2차 세계대전이 1939년에 일어났다고 말씀하셨다.

【해설】 1. 주절의 시제가 현재일 때, 종속절의 시제에는 제한이 없다.

　　　2. 주절의 시제가 과거일 때, 종속절에는 과거 또는 과거완료 시제가 쓰인다.

　　　3. **시제 일치의 예외**

　　　　· 종속절이 일반적 진리, 과학적 사실 등을 나타낼 때는 주절의 시제에 관계없이 종속절에 현재시제를 쓴다.

　　　　· 종속절이 역사적 사실을 나타낼 때는 주절의 시제에 관계없이 종속절에 과거시제를 쓴다.

EXERCISE 02

다음 문장에서 주절의 시제를 과거로 바꿀 때 빈칸에 알맞은 말을 쓰시오.

1. I think that he is busy.

　　→ I thought that he _____.

2. I think that he will be busy.

　　→ I thought that he _____.

3. I know he was busy.

→ I knew that he _____.

4. I know that he has been busy.

→ I knew that he _____.

EXERCISE 03
다음 괄호 속의 단어 중 옳은 것을 고르시오.

1. I learned that the sun (rises, rose) in the east.

2. My brother didn't understand that one and two (makes/made) three.

3. He said that he (gets up, got up) at six every morning.

4. We heard that Korean War (broke out, had broken out) in 1950.

4 화법의 전환:

1. She said to me, "I am busy now."

→ She told me (that) **she was** busy **then**.

2. He said, "I don't like you."

→ He said (that) **he didn't** like **me**.

3. She said to me, "I want some money."

→ She told me **she wanted** some money.

4. she said, "I will tell him exactly what I think."

 → She said(that) **she would** tell him exactly what **she thought**.

5. She said, "I bought this book yesterday."

 → She said that **she had bought that** book **the day before**.

6. She said to me, "What do you write now?"

 → She **asked** me **what I wrote then**.

7. She said to him "Have you ever seen a lion?"

 → She **asked** him **if he had** ever **seen** a lion.

8. She said to me, "Come to see me tonight."

 → She **told** me **to** come to see **her that night**.

9. I said, "Let's go fishing tomorrow."

 → I **suggested** that we **(should)** go fishing the next day.

10. She said, "Alas! How foolish I have been!"

 → She **sighed with regret that** she had been very foolish.

 He said, "How lovely this flower looks!"

 → He said how lovely **that** flower looked.

11. She said, "I am hungry, and I want some food."

 → She said that she was hungry **and that** she wanted some
 food.

 She said, "I feel no fear, **for** I am a brave woman."

 → She said that she felt no fear, for she was a brave woman.

12. She said to me, "I like this toy. May I have it?"

 → She **told** me (that) she liked that toy, **and asked** me if
 she might have it.

【해설】1. 1. **평서문의 화법 전환, 전달동사의 변화**:

① 전달동사 say는 그대로 쓰고 say to는 tell로 바꾼다.

② 쉼표(,)와 ("")를 없애고 that절로 바꾼다.

③ that절의 인칭대명사를 전달자의 입장에 맞게 바꾼다.

④ that절의 시제를 전달동사의 시제에 일치시킨다.

⑤ 필요하다면 that절의 형용사나 부사 등을 전달하는 시점과 입장에 맞게 바꾼다.

화법 전환에서 부사(구), 지시대명사의 변환

this(these)→that(those), here→there, now→then, today→that day

yesterday→the day before, ago→before, tomorrow→the next day

last Monday→the previous Monday

2. **인칭의 변화**: 간접화법에서는 말하는 사람의 입장에서 인칭대명사를 적절히 바꾸며 (,)와 따옴표를 제거해야 한다.

3.4. **시제의 일치**: 종속절, 즉 피전달문의 동사 시제는 시제의 일치의 법칙에 따라 적절히 변한다. 단, 주절의 동사, 즉 전달동사가 현재, 현재완료, 미래이면 종속절의 동사 시제는 변하지 않는다.

5. **부사(구), 지시대명사의 변환**:

yesterday→the day before

cf. 글의 전후 관계로 보아 고치지 않고 그대로 쓰는 것도 있다.

She says, "I was him here."

→ She says that she saw him here.

(말할 때의 장소와 그녀를 만난 장소가 같다.)

6. **의문사가 있는 의문문의 화법전환**: 전달동사가 ask이면 그대로 쓰지만, say to는 ask, inquire로 한다. 의문사를 접속사로 하여 <의문사+S+V>의 어순, 즉 간접의문문으로 한다.

7. **의문사가 없는 의문문**: if 또는 whether를 접속사로 하여, 피전달문
   의 어순은 <if(whether)+S+V>의 어순이 된다.

8. **명령문의 화법 전환**: 전달동사 say to를 tell, ask, beg(부탁하다),
   order(명령하다=command), advice 등으로 쓰고 피전달문은 to
   부정사로 연결한다.

9. **권유문의 화법 전환**: 피전달문이 Let's〜일 때 전달동사는 suggest,
   propose로 하고 피전달문은 should+원형동사 또는 should를 뺀 원
   형동사를 쓴다.

10. **감탄문의 화법 전환**: 감탄문의 화법 전환에는 일정한 규칙 없이 내용
    에 따라 적당한 전달동사나 수식어구를 첨가한다. 전달동사 say를
    cry(out), exclaim(외치다), shout, sigh(탄식하다) 등으로 바꾼다.
    ① that으로 이끄는 경우 - how, what을 very로 고쳐서 평서문의
       어순 <that+S+V>로 한다.
    ② how, what으로 이끄는 경우 - 어순을 피전달문 그대로 한다.

11. **중문의 화법 전환**: 피전달문의 등위접속사 and, but로 이어진 중문
    의 경우 그 뒤에 that을 한 번 더 풀이해서 붙인다. 단 for나 so
    뒤에는 that을 쓰지 않는다.

12. **혼합문의 화법 전환**: 피전달문에 두 종류 이상의 글이 있으며, 각각
    다른 전달동사와 접속사 사용.

EXERCISE 04
다음의 화법을 바꾸시오.

1. He said to me, "I can help you."

2. He said to me, "I will go there tomorrow."

3. She said to him, "I've been very busy until now."

4. She said to me, "Have you ever been abroad?"

5. He said to me, "Did you go the park last night?"

6. He said to her, "What is the matter with you?"

7. He said to me, "Start at once."

8. My sister said to me, "Let's go to the zoo."

9. He said, "How exciting the game is!"

10. He said to me, "I have no money with me now. Please lend me some until tomorrow."

08

- -

접속사(Conjunction)

Point

1. 등위접속사: 문법적 특성이 대등한 단어, 구, 절을 연결한다. and, but, or, so, for
2. 상관접속사: 떨어져 있는 한 쌍의 어구가 접속사 역할을 한다. both A and B, either A or B, not only A but also B.
3. 종속접속사: 종속절을 주절에 연결한다. if, that, since than, after, until

1 등위접속사

등위접속사는 서로 같은 문법 구조의 단어·구·절을 연결하며, 접속사는 주어와 동사를 가진 완전히 독립된 절을 이끈다.

1. He heard an explosion **and** (he) phoned the police.
2. Take this medicine, **and** you will feel better.
3. She is **both** beautiful **and** intelligent.
4. **Not** I **but** my sister is going to attend the meeting.
5. **Not only** food **but also** shelter is needed for the homeless.

=Shelter **as well as** food is needed for the homeless.

6. **It is true (that)** he lied, but he had no choice.

7. I walked 50 miles **or** about 80 kilometers.

8. Be careful, **or** you may hurt yourself.

9. **Either** my brother **or** my sister will drive you to school.

10. He was not present, **nor** was she.

【해석】 1. 그는 폭발을 듣고 경찰에 전화를 했다.

2. 이 약을 먹어라, 그러면 나아질 거야.

3. 그녀는 아름답고 총명하다.

4. 내가 아니라 우리 언니가 회의에 참석할 것이다.

5. 집 없는 사람에게는 음식뿐만 아니라 거주지가 필요하다.

6. 그가 거짓말한 것은 사실이다. 그러나 그는 선택의 여지가 없었다.

7. 그는 50마일, 즉 약 80킬로미터를 걸었다.

8. 조심해, 그렇지 않으면 네 자신을 다치게 할지도 몰라.

9. 나의 언니나 오빠 둘 중의 하나가 너를 학교에 태워다 줄 거야.

10. 그는 참석하지 않았고 그녀 또한 참석하지 않았다.

【해설】 1. 단어, 구, 절을 각각 대등한 관계로 이어주는 접속사

2. 명령문+and.～해라, 그러면

3. both A and B. A와 B 둘 다

4. not A but B A가 아니라 B

5. not only A But also B=B as well as A A뿐만 아니라 B도

6. It is true that～, but…=과연～이지만 그러나…

7. 즉(=that is to say)

8. 명령문+or=unless, if not 그렇지 않으면

9. either A or B A나 B 둘 중의 하나

10. nor=and not

② 명사절을 이끄는 종속접속사

1. It is certain **that** he is honest.
2. The truth is **that** I don't like him.
3. I think **that** he is honest.
4. The rumor **that** he is leaving is not true.
5. **Whether he will come or not** is very doubtful.
6. I wonder **whether** he will get well.

【해석】 1. 그가 정직한 것은 확실하다.

　　　　2. 사실은 내가 그를 좋아하지 않는다는 것이다.

　　　　3. 나는 그가 정직하다고 생각한다.

　　　　4. 그가 떠날 것이라는 소문은 사실이 아니다.

　　　　5. 그가 올지 안 올지는 매우 의심스럽다.

　　　　6. 나는 그가 회복할 수 있을지 궁금하다.

【해설】 [that] 1. 주어 2. 보어 3. 목적어 4. 동격의 명사절 5. 주어(여기서 whether를 if로 바꿀 수는 없다.) 6. 목적어

③ 부사절을 이끄는 종속접속사

1. It is five years **since** he died.
2. Let's wait here **till** [**until**]she comes back.
3. I will lend you the book **when** I have done with it.
4. You will fall ill **unless** you eat more.
5. **Though** she is clever, she is not kind.
6. Do in Rome **as** the Romans do.

【해석】 1. 그가 죽은 지가 5년이다.

2. 그녀가 돌아올 때까지 기다리자.

3. 그 책을 다 읽고 나면 너에게 빌려줄게.

4. 더 먹지 않으면 너는 병이 날 것이다.

5. 그녀는 영리하지만 친절하지는 않다.

6. 로마에서는 로마인처럼 행동해라.

【해설】 1. =He died five years ago.

=Five years have passed since he died.

=He has been dead for five years.

「그는 5년 전에 죽었다.」

2.3. 시간이나 조건의 부사절에서 현재가 미래를, 현재완료가 미래완료의
의미를 대신한다.

4. unless=if~not 5. 양보(=although) 6. 양태 「~대로」

④ 목적과 결과의 부사절

1. I saved money **so that** I **might** buy a car.

2. The problem is **so** difficult **that** we can't solve it.

3. She drank strong coffee **lest** she (**should**) feel sleepy.

4. He spoke slowly, **so that** every one could understand him.

【해석】 1. 나는 자동차를 사기 위해 돈을 저축했다.

2. 그 문제는 너무 어려워서 우리는 해결할 수 없다.

3. 그녀는 졸리지 않기 위해 진한 커피를 마셨다.

4. 그는 천천히 말해서 모두가 그를 이해할 수 있었다.

【해설】 1. so that~may [can, will]는 목적을, so~that…은 원인과 결과
를 나타낸다.

=I saved money **in order to/so as to** buy a car.

2. 결과를 나타내는 부사절을 유도하는 접속사로 구를 사용하여 단문으로

고치는 연습을 많이 할 필요가 있는데, 즉 that절 이하가 부정문일 때는 too~to 구문을 사용하고, 긍정문일 때는~enough to, so~as to(~가 형용사일 때)나 such~as to(~가 명사일 때)의 구문을 사용.
=The problem is **too** difficult for us **to** solve.
<보충 예문>
It was **such** a stormy night **that** we could not start.
폭풍이 심한 밤이어서 우리는 출발할 수가 없었다. (명사이므로 such 가 쓰였음.)

She was **so** excited **that** she had a sleepless night.
=She was **so** excited **as to** have a sleepless night.
그녀는 매우 흥분해서 밤을 새웠다.

They were in **such** a hurry **that** they didn't hear us.
그들은 매우 서둘러서 우리의 말을 듣지 못했다.

3. **lest~ should~**하지 않도록,~하면 안 되니까
   =for fear(that)~ (should)=so (that)~will not
4. **so that**=그 결과, 그래서
   so that 구문은 목적이나, 결과를 나타내는 구문으로서 전체 문맥에 따라 그 뜻이 결정되지만, 대개의 경우 so that 앞에 comma가 있으면 결과를 나타내는 구문이며, 이때 that은 생략할 수 있다.
   The bus broke down, **so that** we had to walk.
   버스가 고장이 났다. 그래서 우리는 걸어야 했다.

⑤ 때를 나타내는 부사절

1. I had **no sooner** come home **than** it began to rain.

2. We did **not** know its function **until** it broke down.

3. **It will not be long before** spring comes.

4. He drove wildly, **till** he ran into a truck.

5. That team will never win a game **as long as** he is the captain.

【해석】 1. 내가 집에 오자마자 비가 내리기 시작했다.

　　　 2. 우리는 그것이 고장 날 때가지 그것의 기능을 몰랐다.

　　　 3. 머지않아 봄이 올 것이다.

　　　 4. 그는 난폭하게 운전하다가 마침내 트럭과 충돌했다.

　　　 5. 그가 주장인 이상 그 팀은 게임에서 결코 승리하지 못할 것이다.

【해설】 1. =**As soon as** I came home, it began to rain.

　　　　 =**No sooner had** I **come** home **than** it began to rain.

　　　　 =I had **hardly/scarcely** come home **when/before** it began
　　　　　 to rain.

　　　 2. 「~하고 나서야 비로소 …하다」

　　　　 cf. It was **not until** it broke down **that** we knew its
　　　　　 function.(=It was **only after** it broke down **that**~.)

　　　 3. 해석에 주의해야 할 표현

　　　　 cf. I **had not gone far when** I met him. 「멀리 가지 않아서
　　　　　 나는 그를 만났다.」　(when 대신 before도 가능)

　　　 4. **till**=and at last

　　　 5. **as long as**=while~하는 동안에

6 양보의 부사절

1. Young **as** he is, he is very wise.

2. Hot **or** cold, the food still tastes good.

3. **Even though** he is rich, he works very hard.

4. **If** we do not have much money, we are very happy.

【해석】 1. 그는 비록 어릴지라도 매우 현명하다.

　　　2. 뜨겁든 차든 그 음식은 여전히 맛있다.

　　　3. 그는 비록 부자일지라도 열심히 일한다.

　　　4. 많은 돈을 가지고 있지는 않지만 우리는 매우 행복하다.

【해설】 1. **as** 앞에 형용사, 부사, 명사(관사 뺌)가 나가서 양보의 뜻이 된다.

　　　2. (=Whether it is) hot or cold, rain or shine=wet or fine

　　　3. 비록~일지라도=even if

　　　4. **if**=though

※ because, since, as, for의 차이

because - 직접적인 원인이나 이유를 논리적으로 말할 때 쓰인다.

since - 우리가 진실이라고 알고 있는 사실에 대해서만 쓰인다.

as - 이유를 정면으로 설명한다기보다 부수적으로 말할 때 쓰인다.

for - 언제나 주절 다음에 온다. 추가적인 설명이나 판단의 근거를 나타낸다.

The game was called off **because** it rained.

경기가 비 때문에 취소되었다.

Because I trust him, I have appointed him.

나는 그를 믿기 때문에 그를 지명하였다.

Since opinion is not part of the news, the editorial page is carefully separated from news articles.

견해는 뉴스의 일부분이 아니므로, 사설란은 뉴스 기사로부터 조심스럽게 분리된다.

Books are very important, **since** they preserve knowledge.

책은 지식을 보존하므로 매우 중요하다.

As it is so late, you had better get a taxi.

매우 늦었으므로, 택시를 타는 게 좋겠다.

She stayed home **as** she didn't feel like going out.

그녀는 외출하고 싶지 않아서 집에 있었다.

We must start early, **for** we have along way to go.

우리는 갈 길이 머니까 일찍 떠나야 한다.

They were surprised at the speed, **for** it took only 4 days.

그들은 나흘밖에 걸리지 않은 속도에 놀랐다.

EXERCISE 01

다음 문장 안에 있는 절의 종류를 말하시오.

1. ① Please let us know if you'll come or not.

   ② If he doesn't come, I'll cancel the party.

2. ① I don't know whether he can swim or not.

   ② Whether he can swim or not, let's take him to the pool.

3. ① Please tell me where he lives.

   ② This is the cottage where he lives.

   ③ He is happy where he lives.

4. ① Whoever says so is a liar.

   ② Whoever says so, I don't believe it.

EXERCISE 02

다음 괄호 안에서 알맞은 것을 고르시오.

1. Keep watering flowers (by the time, until) they open.

2. Which do you prefer, coffee (and, or) tea?

3. Please call me (the moment, by the time) you get this message.

4. I was very nervous (while, since) I was waiting for the test results.

5. (No sooner, as soon as) had he arrived in Seoul than he fell ill.

EXERCISE 03

다음을 우리말로 해석하시오.

1. As he often lies, I don't like him.

2. Don't look down upon them just because they are poor.

3. She was so excited that she couldn't sleep.

4. Speak a little slowly so that we can follow you.

5. I didn't leave the house for fear that I might run into him.

6. The movie is educational as well as entertaining.

7. I've packed a map in case I get lost.

8. You can stay here as long as you don't cause trouble.

9. Now that you mention it, I remember.

10. Just as you sow, so will you reap.

EXERCISE 04

빈칸에 알맞은 단어를 채우시오.

1. _____ that he has gone, nobody will take care of us.

2. I am going to the theater early so that I _____ take a good seat.

3. I wrote it down lest I _____ forget it.

4. Whether he comes _____ not, the result will be the same.

5. She was very tired, _____ that she couldn't go another step.

6. It will not be long _____ spring comes.

7. Rain _____ shine, I'll go to see her tomorrow.

8. He has experience as _____ as knowledge.

9. Three years have passed _____ he came to this village.

10. Young _____ he is, he is very cautious.

11. She sang with ___ a sweet voice that she charmed everyone present.

12. You may study here as _____ as you keep quiet.

09

명사와 관사(Noun & Article)

① 명사의 종류

1. I have an **egg**. I have two **eggs**.

   There is a **book** on the desk. There are two **books** on the desk.

2. There are twenty **families** in this flat.

   My **family are** all early risers.

   cf. My **family is** very large.

3. Is there **much sugar** left in the pot?

   My mother bought **two bottles of milk** and **a pound of butter**.

4. **Health** is more important than **wealth**.

   He had done me **many kindnesses**.

5. **The Thames** runs through London, the capital of England.

   The Johnsons went to the America.

【해설】 1. 나는 계란을 하나 가지고 있다. 나는 계란을 두 개 가지고 있다.

   책상 위에 책 한 권이 있다. 책상 위에 책 두 권이 있다.

   2. 이 아파트에는 이십 가구가 살고 있다.

   그의 가족들은 모두 일찍 일어나는 사람이다.

cf. 나의 가족은 대가족이다.

3. 항아리에 많은 설탕이 남아 있니?

   우리 엄마는 우유 두 병과 버터 한 파운드를 샀다.

4. 건강이 부보다 더 중요하다.

   그는 나에게 많은 친절을 베풀었다.

5. 템스강은 영국의 수도인 런던을 관통한다.

   존슨 가족은 미국에 갔다.

【해설】 1. **보통명사:** 셀 수 있는 명사로서 하나일 때는 자음 앞에는 a를, 모음 앞에는 관사 an을 쓴다. man, boy, school, picture 등.

2. **집합명사:** 사람 또는 사물의 집합체를 나타내는 명사로서 셀 수 있는 명사이다. family, class, nation, people, cattle 등.

   하나의 **집합**을 나타낼 때는 단수, 그 집합의 구성원들을 뜻할 때는 복수 취급을 한다.

3. **물질명사:** 단수로 받는다. air, water, butter, paper 등.

   a cup of coffee / a pound of sugar / a few slices of ham / two pieces of chalk/ several sheets of paper

4. **추상명사:** 추상적인 개념을 나타내는 것으로서 셀 수 없는 명사이다. love, nature, knowledge, kindness, peace, hope, life, art 등. 추상명사는 단수 취급을 하나 구체적 행위나 사건을 뜻할 때는 보통명사로 쓰이며 복수형도 가능하다.

   many **kindnesses** 「친절한 행위」

   She must have been **a beauty**. (그녀는 미인이었음에 틀림없다.)

5. **고유명사:** 인명이나 지명에 쓰이며 셀 수 없는 명사이다. Washington, Seoul, Korea, John 등. 고유명사는 대문자로 쓰기 시작하며, 원칙적으로는 관사나 복수를 쓸 수 없다. 그러나 강, 바다, 산맥 등에는 정관사를 쓴다. The Johnsons는 「존슨 씨 부부」혹은 「존슨 씨 가족」을 뜻함.

② **명사의 복수**: 명사의 복수형은 일반적으로 단수형 어미에
　　　　　　　　　　　　-(e)s를 붙인다.

(1) 규칙적인 복수형

① boy→boy**s**, book→book**s**, tree→tree**s**

② brush→brush**es**, bus→bus**es**, whatch→whatch**es**

③ city→cit**ies**, lady→lad**ies**, duty→dut**ies**

　　day→day**s**, boy→boy**s**

④ hero**es**, potato**es**, negro**es**

⑤ f, fe로 끝나는 명사는 f를 없애고 **-ves**를 붙인다.

　　leaf→lea**ves**, knife→kni**ves**, wife→wi**ves**

　　wolf→wol**ves**, life→li**ves**, shelf→shel**ves**

(2) 불규칙적인 복수형

① foot→**feet**, man→**men**, woman→**women**, tooth→**teeth**,

　　goose→**gee**se, mouse→**m**ice

② child→child**ren**, ox→ox**en**

③ deer→deer, sheep→sheep, Chinese→Chinese, Japanese→Japanese,

　　fish→fish

④ customs 관세, goods 상품, manners 예의범절, pains 수고,

　　sands 사막, arms 무기

⑤ mathematics 수학, physics 물리학, economics 경제학,

　　ethics 윤리학

⑥ a ten-**year**-old boy, 10살인 소년

(3) 복합형의 복수형

① boy friend-boy friend**s**, girl member-girl member**s**

② woman writer-wom**e**n writers, manservant-menservant**s**

③ passer-by-passer**s**-by(행인), looker-on-looker**s** on(방관자)

(4) 명사의 성: 남성과 여성이 형태적으로 다른 것

① god→god**dess**, poet→poet**ess**, host→host**ess**, lion→lion**ess**

② actor→act**ress**, tiger→tig**ress**, waiter→wait**ress**

③ emperor→emp**ress**, master→mist**ress**

④ boy↔girl, brother↔sister, cock↔hen, uncle↔aunt, bull↔cow

【해설】 (1) 규칙적인 복수형

① -**s**를 붙인다.

② 마지막 발음이 [s] [z] [dʒ] [ʃ] [tʃ] [ʒ]로 끝나는 명사는 -**es**를 붙인다.

③ 「자음+y」로 끝나는 명사는 y를 없애고 -**ies**를 붙인다. 그러나 「모음+y」로 끝나는 명사는 -s만 붙인다.

④ o로 끝나는 명사는 -**es**를 붙인다. 그러나 s만 붙이는 pianos, radios, photos의 예외 명사도 있다.

⑤ f, fe로 끝나는 명사는 f(e)를 없애고 -**ves**를 붙인다. 그러나 다음과 같이 s만 붙이는 명사도 있다. → chiefs (추장, 우두머리), gulfs(만), safes(금고), roofs(지붕), handkerchiefs(손수건)

(2) 불규칙적인 복수형

① 중간모음을 바꾸어서 나타낸다.

② -**ren**이나 -**en**을 붙인다.

③ 단수형과 동일형인 복수형. 단, fish를 fishes라고 하면, 물고기의 종류의 복수가 된다.

④ 복수가 되면 뜻이 달라지는 단어.

⑤ 학과 이름.

⑥ 형용사로 쓰일 때는 단수. dozen, hundred, thousand는 수사 다음에 와서 단수. two hundred, three dozen. 그러나 hundreds **of** people. 수백의 사람들

(3) 복합어는 주요 부분을 복수형으로 한다.

(4) 명사의 성

① 남성명사에 [-ess]를 붙여 여성명사 만들기.

② 남성명사의 마지막 음절의 모음을 생략하고 [-ess]를 붙여 여성 명사 만들기.

③ 남성명사를 ②보다 더 불규칙하게 고쳐서 [-ess]를 붙여 여성명 사 만들기.

④ 어형이 전혀 다른 예.

③ 명사의 격

영어에서 주격, 소유격, 목적격이 형태상으로 뚜렷한 것은 인칭 대명사이다.

1. my **father's** watch(아버지의 시계)

   Mr. **Smith's** home(스미스 씨의 집)

   a **girls'** school(여학교)

2. the legs **of** the table(책상의 다리)

   the top **of** the hill(언덕의 꼭대기)

3. today's newspaper(오늘의 신문)

   ten miles' distance(10마일의 거리)

4. a **butcher's** (shop)고깃간

a **barbers'** (shop)이발소

my **aunt's** (house)아주머니 댁

5. a friend of my brother's, this car of my father's

6. He is Tom and Mary's father. 그는 톰과 메리의 아버지이다.

   These are Tom's and Mary's bags. 이것들은 톰의 책과 메리의 책들이다.

【해설】 1. 소유격은 사람이나 생물을 나타내는 명사에 -'s를 붙여서 만든다.
　　　　　 s로 끝나는 복수명사는 어미에 (')만 붙인다.

　　　 2. 무생물의 경우는 **of**를 사용해서 소유관계를 나타낸다.

　　　 3. 무생물도 이를 의인화하거나 또는 관용적으로 -'s를 쓰는 경우가 있다.

　　　 4. store, shop, house, hospital을 나타낼 때는 문맥과 관계없이 소유격 다음의 명사는 흔히 생략된다.

　　　 5. 관사, this, that, any, no, another 등은 명사의 소유격과 직접 결합하지 않는다.

　　　　　 my father's this car (x)　 this my father's car (x)

　　　 6. He is Tom and Mary's father. (공동 소유)

　　　　　 These are Tom's and Mary's bags. (개별 소유)

EXERCISE 01

다음 고딕체 부분의 뜻을 적으시오.

1. I like a **fish** better than meat.

   I caught a big **fish**.

2. **Beauty** is truth.

   She was **a beauty** in her day.

3. **Life** is full of troubles.

Have you ever read **a life** of Lincoln?

4. This desk takes up much **room.**

The house has five **rooms.**

EXERCISE 02
빈칸에 적당한 단어로 채우시오.

1. Will you have a _____ of milk?

2. She bought a _____ of sacks.

3. He had two _____ of bread and a _____ of coffee.

4. He gave me a _____ of wine.

5. I bought three _____ of soap.

EXERCISE 03
다음 단어들의 복수형을 쓰시오.

1. rose, glass, peach, brush

2. fly, city, monkey, leaf, box, datum

3. handkerchief, mouse

4. Chinese, looker-on, manservant

EXERCISE 04

서로 반대 성이 되도록 빈칸을 채우시오.

1. nephew _____ 2. king _____ 3. monk _____

    4. male _____

5. hero _____ 6. host _____ 7. steward _____

    8. actor ___

9. god _____ 10. waiter _____ 11. tiger _____

    12. prince _____

4 관사

(1) 부정관사의 용법

1. This is a book and that is an apple.

2. There are seven days in a week.

3. A dog is a faithful animal.

4. Birds of a feather flock together.

5. A Mr. Jung came to see you.

6. Take this medicine 3 times a day.

【해석】 1. 이것은 책이고 저것은 사과이다.

    2. 일주일은 7일이다.

    3. 개는 충직한 동물이다.

    4. 유유상종이다.

    5. 어떤 정 씨라는 사람이 너를 만나러 왔다.

    6. 하루에 약을 3번 먹어라.

【해설】 1. one의 뜻, 보통 해석하지 않는다.

2. 특히 「하나」의 뜻. 이 경우에는 해석을 해야 한다.

3. any의 뜻, 종족 전체를 나타낸다.

4. the same(같은)의 뜻

5. ~이라는 사람

6. per의 뜻

(2) 정관사의 용법

1. I have a house. **The** house is very big.

2. Please open **the** window.

3. **The** house on the hill is beautiful.

4. **The** earth goes round **the** sun.

5. I took **the** first train. She is **the** tallest girl in her class.

6. **The** fox is cunning animal.

7. He caught me by **the** hand.

8. **The** young should show respect to **the** old.

9. He came home in **the** evening.

【해석】 1. 나는 집을 한 채 가지고 있다. 그 집은 매우 크다.

2. 창문을 좀 여세요.

3. 언덕 위의 집은 아름답다.

4. 지구는 태양 주위를 돈다.

5. 나는 첫 기차를 탔다. 그녀는 학급에서 가장 키가 큰 소녀이다.

6. 여우는 교활한 동물이다.

7. 그가 나의 손을 잡았다.

8. 젊은이는 노인에게 존경을 표해야 한다.

9. 그는 저녁에 집에 왔다.

【해설】 1. 앞에 나온 명사를 반복할 때

2. 서로 알고 있는 것을 가리킬 때

3. 뒤에서 한정할 때

4. 세상에서 유일한 것. the moon, the world

5. 서수나 최상급의 형용사. the only, the very

6. 종족 전체를 나타내는 경우

7. 대명사의 소유격 대신에 관용적으로 the를 쓴다.

8. the+형용사=복수 보통명사 the accused 피고,

9. 관용적 표현 in the house

(3) 정관사와 고유명사

1. **the** Blue House(청와대), **the** National Museum(국립박물관)
   역, 공원에는 관사가 없다. Seoul Station, Namsan Park

2. **the** Han River(한강), **the** Pacific(태평양)

3. **the** Alps(알프스산맥), **the** Korean Peninsula(한반도)

4. **the** Korea Herald(코리아 헤럴드), **the** Mayflower(메이플라워호)

5. **the** Kims

【해설】 1. 공공건물, 관공서 2. 강, 바다 3. 산맥, 반도 4. 신문, 잡지, 배

5. 김씨 부부, 김씨 가족

(4) 관사의 위치

1. This is **too** difficult a book for my son to read.

She is **so** beautiful a girl.=She is a very beautiful girl.

He is **as** kind a boy as you are.

How smart a boy he is!=What a smart boy he is!

2. She is **quite** a good teacher.

   Don't meet **such** a bad boy.

3. **All** the people were happy.

【해석】 1. 이것은 내 아들이 읽기에는 너무 어려운 책이다.

   그녀는 매우 아름다운 소녀이다.

   그는 너만큼 친절한 소년이다.

   그는 참 똑똑한 소년이다.

   2. 그녀는 아주 훌륭한 교사이다.

   그런 나쁜 소년을 만나지 마라.

   3. 모든 사람들이 행복했다.

【해설】 1. so, as, so, how 등의 부사가 오면 부정관사는 형용사 뒤에 놓인다.

   2. quite, such 다음에 부정관사가 온다.

   3. all, both 다음에 the가 온다.

(5) 관사의 생략

1. **Waiter**, bring me a cup of coffee.

2. **Father** hasn't come home yet.

3. They elected him **mayor** of the city. Hamet, **prince** of Denmark.

4. **Child** as he was, he was not afraid.

5. She came immediately after **dinner**.

6. go the **church**, go to **hospital**, go to **bed**

7. **Man** is a rational animal.

8. **by** bus, **body and soul**, **side by side**, **from hand to mouth**

9. **a** black and white dog, **a** black and **a** white dog

【해석】 1. 웨이터, 커피 한 잔 갖다 주세요.

2. 아버지가 아직 집에 오시지 않았다.

3. 그들은 그를 그 시의 시장으로 선출했다.

4. 그는 비록 어린이지만 두려워하지 않았다. (Though he was a child, he~)

5. 그녀는 저녁 식사 후에 즉시 왔다.

6. 예배하다, 입원하다, 취침하다

7. 인간은 이성적인 동물이다.

8. 버스 타고, 육체와 영혼, 나란히, 근근이 끼니를 이어 나가다

9. 얼룩 개(흰색과 검정이 섞인), 흰 개 한 마리와, 검은 개 한 마리

【해설】 1. 호격

2. 자기 가족

3. appoint, elect, nominate, become등의 보어로 쓰일 때, 고유명사와 동격일 때

4. 양보문에서

5. 식사, 질병, 운동의 이름

6. 건물 등이 본래 목적을 나타낼 때

7. man, woman등이 대표 단수를 나타낼 때

8. 구로서 이루어질 때(대조가 되거나, 관용구)

9. and로 이어질 때 관사가 붙는 것에 따라 뜻이 다르다.

EXERCISE 05

다음 문장에서 틀린 부분을 고치시오.

1. He took her by hand.

2. I can play piano.

3. He was elected the mayor of Seoul.

4. I study from the morning till the night.

5. Seoul is largest city in Korea.

6. The sun shines in morning.

7. He is not such good a man as you think.

8. A woman as she is, she is brave.

9. He went to Pusan by the plane last week.

10. The rich is not always happy.

11. The all students went to Seoul.

12. Butter is sold by a pound.

13. I met a her friend in the theater.

14. The desk's legs are long.

15. I am staying at my uncle.

16. It is two mile's distance.

17. Show me your mother's that dress.

18. John and Jane's bags are new.

EXERCISE 06

다음 문장에서 빠진 관사를 써 넣고, 관사가 필요 없는 곳에
는 x표 하시오.

1. There is a book on the desk. Book is interesting.

2. Sun rises in east and sets in west.

3. Students in our school study very hard.

4. What beautiful flower! I have never seen such beautiful flower.

5. Dog is a faithful animal.

6. What time do you go to the bed?

7. He plays the tennis every weekend.

8. Yesterday I visited National Museum.

9. Tom, the captain of our team, plays well.

10. He is a poet and a teacher.

10

대명사(Pronoun)

① 인칭대명사

(1) 일반인을 가리키는 we, they, you

① We had much snow last year.

② Do they speak English in Canada?

(2) 소유대명사

① The books on the table are **mine**.

② Invite some friends of his to the party.

③ My phone is better than **his**.

④ My knife doesn't cut well. Please lend me **yours**.

(3) 재귀대명사

① He killed **himself**.

② She looked at **herself** in the mirror.

③ Take care of **yourself**.

④ Did you go there **yourself**?

⑤ I repaired this computer **myself**.

⑥ She wants to stay there **by herself**.

⑦ The door opened **by itself**.

⑧ I want to make it **for myself**.

⑨ **Between ourselves**, I don't like to go.

【해석】 (1) ① 작년에 눈이 많이 왔다.

　　　　　② 캐나다에서는 영어를 말하니?

　　　(2) ① 테이블 위의 책들은 내 것이다.

　　　　　② 그의 친구 몇몇을 파티에 초대해라.

　　　　　③ 내 전화는 그의 것보다 좋다.

　　　　　④ 내 칼은 잘 들지 않는다. 너의 것 좀 빌려줘.

　　　(3) ① 그는 자살을 했다.

　　　　　② 그녀는 거울로 자신을 보았다.

　　　　　③ 너 자신을 돌보아라.

　　　　　강조적 용법

　　　　　④ 네가 직접 갔니?

　　　　　⑤ 내가 직접 이 컴퓨터를 수선했다.

　　　　　⑥ 그녀는 혼자서 거기에 가기를 원한다.

　　　　　⑦ 그 문이 저절로 열렸다.

　　　　　⑧ 나는 혼자 힘으로 그것을 해내기를 원한다.

　　　　　⑨ 우리끼리 얘긴데 나는 가고 싶지 않다.

【해설】 (1) 1. we, you, they가 어떤 특정한 사람들을 가리키지 않고 막연히 <일반적인 사람>을 가리킬 때는 우리말로 번역하지 않는다.

　　　(2) 소유대명사

　　　　　This is my book은 This book is **mine**으로 고칠 수 있다. 소유격+명사의 뜻이 합쳐서 「～의 것」이라는 뜻을 나타내는 mine, his, yours를 소유대명사라고 부른 다.

② 인칭대명사의 소유격은 a, an, this, that, any, some, another 등과 함께 명사를 수식하지 못한다. 「명사+of+소유대명사」의 순서로 이중소유격을 만든다.

some his friends (x) some friends of his (o)

a my friend (x) a friend of mine (o)

her this dress (x) this dress of hers (o)

(3) 재귀대명사의 용법

인칭대명사에 -self가 붙은 myself, yourself, himself 등이다.

①②③은 재귀 용법이고, ④⑤는 강조 용법이다. ⑥⑦⑧⑨는 전치사와 함께 관용구이다. by oneself 혼자서, for oneself 혼자 힘으로, of itself 저절로, between ourselves 우리끼리 얘긴데

2 it의 쓰임

(1) 시간, 날시, 거리 또는 막연한 상황 등을 나타낸다.

① **It** is raining now.

② How far is **it** from here to the station?

③ How long will **it take** you **to** finish the work?

④ **It took** them many years **to** build this dam.

(=They spent many years in building this dam.)

(2) 형식 주어(가주어)의 it

① **It** is foolish to carry a large parcel when you are riding a bicycle.

② **It** is true that he was a millionaire.

③ **It** is no use talking.

(3) 형식목적어(가목적어)의 it

① I think **it** easy **to** read this book.

② I think **it** true **that** he told a lie.

(4) It~ for~ to

① **It** is hard **for** us **to** believe what he said.

② **It** is easy **for** us **to** form a habit.

③ **It** is very important **for** you **to** study hard.

④ **It** was very difficult **for** me **to** understand the passage.

⑤ **It** was very kind **of** you **to** help me with my English.

(5) It is~that의 강조 구문

① **It was** with difficulty **that** he solved the problem.

② **It was** because he was sick **that** he was absent from school.

③ **It is** the red one **that** I want, not the green one.

④ **It was** a week ago **that** she left he hometown.

⑤ **It is** this house **where** the poor old man lived with his daughter.

⑥ **It is** you **who** are to blame.

(1) 시간, 요일, 거리, 날씨 등을 나타내는 문장의 주어로 사용되고 해석하지 않는다.

【해석】 ① 비가 내리고 있다.

② 여기에서 역까지 거리가 얼마나 됩니까?

③ 당신이 그 일을 마치는 데 시간이 얼마나 걸리겠습니까?

④ 그들이 이 댐을 만드는 데는 여러 해가 걸렸습니다.

【해설】 「It+takes+(sb)+시간+to~」 「(sb)가~하는 데는~의 시간이 걸린다」. 이때 동사 take의 의미는 require, need, spend 등의 뜻으로 쓰인다.

(2) 형식 주어(가주어)의 it

【해석】 ① 네가 자전거를 탈 때 큰 보따리를 운송하는 것은 어리석다.

② 그가 백만장자였다는 것은 사실이다.

③ 말해봐야 소용없다.

【해설】 ① 부정사구가 진주어인 경우:

② 명사절이 진주어인 경우:

③ 동명사가 진주어인 경우:

(3) 형식목적어(가목적어)의 it

【해석】 ① 나는 이 책을 읽은 것이 쉽다고 생각한다.

② 나는 그가 거짓말을 한 것이 사실이라고 생각한다.

【해설】 it가 형식목적어가 되는 경우도 보통 부정사구, 동명사, 명사절이 진목적어가 된다.

(4) It~ for~ to

【해석】 ① 우리는 그가 한 말을 믿기는 어렵다.

② 우리는 버릇을 들이기는 쉬운 일이다.

③ 네가 열심히 공부한다는 것은 매우 중요하다.

④ 내가 이 구절을 이해하기는 무척 어려웠다.

⑤ 영어 공부를 도와주셔서 고맙습니다.

【해설】It는 가주어, to 부정사는 진주어가 되는데, 이때 부정사의 의미상의 주어를 나타내려면 부정사 앞에 「for+사람」을 넣는다. 이때 「for+사람」 대신에 「of+사람」의 꼴이 쓰이는 경우가 있는데, 대개 good, nice, kind 등의 사람의 성질을 나타내는 형용사가 나올 때이다.

(5) It is∼that의 강조 구문

【해석】① 간신히 그는 그 문제를 해결했다.

② 그가 결석한 것은 바로 그가 몸이 아팠기 때문이다.

③ 내가 원하는 것은 초록색의 것이 아니라, 바로 붉은색의 것이다.

④ 그녀가 고향을 떠난 것은 1주일 전이었다.

⑤ 그 불쌍한 노인이 그의 딸들과 산 곳은 바로 그 집이다.

⑥ 비난받을 사람은 너다.

【해설】문장의 일부를 강조하고자 할 때 흔히 It가 주어가 된 is∼ that의 구문이 사용될 수 있다. 강조되는 부분이 It is와 that 사이에 들어간다. 선행사는 항상 it이고 that은 강조되는 말에 따라 who, whom, which, when 등을 쓸 수도 있다.

(예) It was he that (who) stole the book. (그 책을 훔친 것은 그였다.)

① with difficulty를 강조 ② because he was sick 강조 ③ the red one 강조

④ a week ago를 강조 ⑤ 강조되는 어구가 「장소」인 경우 that 대신 where가 올 수 있다. ⑥ 강조하는 것이 「사람」이므로 that 대신 who가 올 수 있다.

③ 지시대명사

1. The climate of Seoul is similar to **that** of Michigan.
2. The ears of a rabbit are longer than **those** of a fox.
3. The voice was **that** of an old man.
4. His dress is **that** of a gentleman, but his speech and behavior are **those** of a clown.
5. I didn't say anything. **That** made him angry.

【해석】 1. 서울의 기후는 미시간의 것과 비슷하다.
     2. 토끼의 귀는 여우의 것보다 길다.
     3. 그 목소리는 노인의 것(=목소리)이었다.
     4. 그의 옷은 신사의 그것인데, 그의 말과 행동은 광대의 그것이다.
     5. 나는 아무 말도 하지 않았다. 그것이 그를 화나게 하였다.

【해설】 that은 동일 명사의 반복을 피하기 위해서 다음과 같이 that (those) of의 형식으로 사용된다.
     1. that=the climate 2. those=the ears 3. that=voice 4. that=dress, those=speech and behavior
     5. 앞에 나온 문장 전체를 받는 that

④ 부정대명사

1. If you have **any** money with you, lend me **some**.
2. Please lend me a pen if you have **one**.
    cf. I bought a camera but lend **it** to him. 내가 카메라를 샀으나 그것을 그에게 빌려줬다.
3. **One** should obey **one**'s parents.

4. I don't like this hat. Show me **another**.

5. I want **every** child to become a great man.

6. **Either** of the two books will do.

   cf. **Neither** story is true.

7. They invited **us both** to the party.

8. The old man has **no** teeth.

   cf. **None** of us were at the party last night.

9. **Every man** can **not** be an artist.

   (=**Not every** man can be an artist.)

10. **All** of the students were not present at the meeting.

    (=**Not all** of the students were present at the meeting.)

11. The report is **not altogether** false.

12. I do **not** know **both** of them.

【해석】 1. 돈이 있으면 좀 빌려줘.

2. 펜이 있으면 빌려줘.

3. 사람은 자신의 부모에게 순종해야 한다.

   ※ 구어체에는 you, we, people 등이 자주 쓰인다.

4. 나는 이 모자를 좋아하지 않아요. 다른 것을 보여주세요.

5. 나는 모든 아이들이 위대한 사람이 되기를 원한다.

6. 두 책 중 하나라도 괜찮아.

   cf. 두 이야기 모두 사실이 아니야.

7. 그들은 우리 둘 다를 파티에 초대했다.

8. 노인은 치아가 하나도 없다.

   cf. 어젯밤에 우리들 중 아무도 파티에 없었다.

9. 모든 사람이 다 예술가가 될 수는 없다.

10. 학생들 모두가 그 모임에 출석한 것은 아니다.

11. 그 보고가 전적으로 허위는 아니다.

12. 나는 그들 둘 다 아는 건 아니다.

【해설】 부정대명사에는 all, both, every, each, some any, none, either, one, other, another가 있다. 즉, 사람이나 물건을 특정하게 가리키지 않거나, 정해져 있지 않는 사람이나 물건을 나타내는 대명사가 부정대명사이다. 부정대명사가 다른 명사를 꾸밀 때에는 부정형용사가 된다.

1. some은 긍정문, any는 의문, 조건, 부정에 쓴다.

   cf. Will you have **some** drinks? <권유>

2. one은 불특정의 것, it는 특정의 것을 나타냄.

   (one → a+명사, it → 특정의 것을 나타냄.)

3. 일반적인 사람을 막연히 나타낼 때 쓰인다.

4. 「다른 것(하나)」, 혹은 「또 한 사람」의 뜻

   cf. Would you like **another** cup of coffee?

5. each는 둘 이상에서 개별성을, every는 셋 이상에서 통합성을 나타냄.

   cf. **Each** of them has a book in his hand.

6. 둘 중에서 어느 하나는 either, neither는 둘 다 부정.

7. both는 둘 다, both~ not은 부분 부정

8. no는 형용사적으로, none은 대명사로 쓰인다.

   ※ all, both가 the, these, those, my, your 등과 쓰일 때 반드시 이들 앞에 쓴다.

   these both books (x), both these books (o), my all books (x), all my books (o)

9.10.11.12. 부분 부정

영어의 부정문은 주어의 전부를 부정하는 전체 부정과 주어의 일부분만을 부정하는 부분 부정이 있다. 부분 부정은 전부를 대표하는 대명사 혹은 형용사 all, both, every 등과 전체를 표시하는 부사 always, entirely, wholly, altogether, necessarily 등과 함께 쓴다.

EXERCISE 01

다음 괄호 안에서 알맞은 것을 고르시오.

1. Both of them (is, are) concentrated in a single area.

2. Neither of them (is, are) spoken outside its origin.

3. Either of the books (is, are) suitable for you.

4. Every teacher (give, gives) weekly exam.

5. Each question (have, has) four choices.

※ both는 복수, neither와 either는 단수 취급, 집합명사는 단수 취급, 분수가 양을 의미하면 단수, 수를 의미하면 복수를 받는다.

EXERCISE 02

두 문장의 의미 차이에 유의하여 해석하시오.

1. ① None of the students believed his story.
   ② Not all the students believed his story.

2. ① He didn't attend every class.
   ② He didn't attend any class.

EXERCISE 03

빈칸을 "one", "ones", "it", "that" or "those"로 채우시오.

1. This hat is too large. Please show me a smaller _____.

2. My car is a very old _____. I bought ____ ten years ago.

3. I want two pounds of apples. Those red _____, please.

4. The population of Korea is larger than _____ of Canada.

5. His dress is _____ of a gentleman, but his speech and manner are ____ of a rude person.

EXERCISE 04

빈칸에 알맞은 말을 쓰시오.

1. His manners are ____ of a gentleman.

2. "Will the weather be fine?" "I hope _____."

3. "Which bag do you want?" "I'd like a blue____."

4. I have two cats; one is black, and _____ is white.

5. I have a black dog and a white one; _____ is larger than the other.

6. Father will come back in ____ two weeks.

7. How long will ____ take you to do this?

8. Lend me a pencil or a pen; ____ will do.

⑤ 의문대명사

1. Who will be the next president of Korea?

2. What will you have for lunch?

3. Which do you like better, mountain or sea?

【해석】 1. 한국의 다음 대통령은 누가 될까?

　　　2. 점심으로 무엇을 먹을 거니?

　　　3. 산과 바다 중 어느 것을 더 좋아하니?

【해설】 의문대명사에는 who, which, what 등이 있다.

　　　1. who는 사람에 관한 질문에 쓴다.

　　　2. what은 사람의 직업이나 사물에 관한 물음에 쓴다.

　　　　 cf. What time did he go? 그가 몇 시에 갔니? 막연한 범위에는

　　　　 what을 쓴다.

　　　3. which는 제한된 범위 내에서의 선택에 쓰며, 사람, 사물에 다 쓰인다.

Chapter

11

관계사(Relatives)

관계대명사는 문장과 문장을 잇는 접속사와 대명사의 역할을 한다.

① 주격 관계대명사: 선행사를 수식하는 관계사 절의 주어 역할을 하는 관계대명사

I have a friend who likes swimming.

(I have a friend+She likes dancing.)

1. There is a man **who** wants to see you.
2. He gave me a hat **which** looks like a cat.
3. He was the only student **that** was able to answer the question.

【해석】1. 너를 만나기를 원하는 사람이 있다.

　　　2. 그는 고양이같이 생긴 모자를 내게 주었다.

　　　3. 그는 그 질문에 답할 수 있는 유일한 학생이다.

【해설】1. 선행사가 사람인 경우

※ 주격 관계대명사 다음에 오는 동사는 선행사의 인칭과 수에 일치한다.

　I have a friend who lives in Canada.

　I have two friends who live in Canada.

　2. 선행사가 사물, 동물인 경우에는 which나 that을 사용한다.

　3. who, which 대신 특히 선행사가 <사람+사물>인 경우, the only, the very, the same,

the first, all, 최상급 등의 뒤.

② 목적격 관계대명사: 선행사를 수식하는 관계사 절의 목적어 역할을 하는 관계대명사

I lent her the dress which I bought last week.

(I lent her <u>the dress</u>+I bought <u>it</u> last week.)

1. We like the cookies (**which**) mother makes for us.
2. The man (**whom**) I wanted to see was Tom.
3. He still had the bag (**which [that]**) I had given to him.
4. This is the house (**which [that]**) my father was born in.

【해석】 1. 우리는 엄마가 우리를 위해 만드시는 과자를 좋아한다.

2. 내가 보기를 원했던 사람은 톰이다.

3. 그는 내가 준 가방을 아직도 가지고 있었다.

4. 이곳은 나의 아버지가 태어나신 집이다.

【해설】 선행사가 사람일 때 whom이나 that, 동물이나 사물일 때 which나 that을 쓴다. 목적격 관계대명사는 생략할 수 있다. 그러나 <전치사+ 관계대명사>의 어순에서는 생략 불가.

cf. The river in **which** they are swimming is dangerous.

그들이 수영하고 있는 강은 위험하다.

※ 관계대명사 that은 전치사 바로 뒤에는 쓸 수 없다.

This is the house in **that** my father was born. (x)

③ 소유격 관계대명사: 선행사를 수식하는 관계사절의 명사를 꾸며주는 소유격 역할을 하는 관계대명사

I know a woman whose daughter is a famous singer.

(I know a woman+Her daughter is a famous singer.)

1. I have a friend **whose** name is the same as mine.

2. What is the name of the mountain **whose top** is covered with snow?

【해석】1. 나는 그의 이름이 내 것과 같은 친구가 있다.

　　　 2. 꼭대기가 눈으로 덮인 산의 이름이 무엇이니?

【해설】2. of which the top, the top of which도 가능

④ 관계대명사 what: 선행사를 포함한 관계대명사로 명사절을 이끌어 주어, 목적어, 보어가 된다. the things which~의 뜻. '~하는 것'이라고 해석한다.

This is **what** I bought for my girl friend.

(=This is the thing which [that]I bought for my girl friend.)

1. You can add **what**(=whatever) you like.

　 =You can add anything that you like.

2. I will do **what** I can.

　 =I will do **all that** I can.

3. I will do **what** I can for you.

4. You may have **what** you want to have.

5. He will give **whatever** you may need.

6. This is **what** you must take care of.

7. The result is **what** I've expected.

【해석】 1. 네가 좋아하는 것은 (무엇이든지) 덧붙일 수 있다.

2. 나는 내가 할 수 있는 것은 무엇이든지 하겠다.

3. 해드릴 수 있으면 무엇이든지 해드리겠습니다.

4. 네가 갖고 싶은 것은 무엇이든지 가져도 좋다.

5. 그는 네가 필요한 것은 무엇이든지 줄 것이다.

6. 이것은 네가 보살펴야만 하는 것이다.

7. 그 결과는 내가 기대했었던 것이다.

【해설】 관계대명사 **what**은 the thing(s) **which**, that **which**, all **that**의 의미로 쓰이는데 선행사와 관계대명사의 기능을 동시에 수행한다.

※ what이 이루는 관용적인 표현

what A is 「현재의 A, A의 인격」

what A was 「used to be」, 「과거의 A」

EXERCISE 01
두 문장을 소유격 관계대명사로 연결하여 한 문장으로 만드시오.

1. I have a blouse. Its color is yellow.

   → _____.

2. That's the teacher. His picture was in the newspaper.

   → _____.

3. I am looking for a book. Its title is *The treasure Island.*

   → _____.

EXERCISE 02

다음 문장에서 관계대명사를 생략하시오.

1. We visited the village which was noted for its cherry blossoms.

2. He spoke to the girl who was from New York.

3. Did you read the book which I gave you?

4. The chair which I was sitting on was hard.

5 관계대명사와 전치사

관계대명사가 전치사의 목적어인 경우, 전치사는 관계대명사 바로 앞이나 관계사 절의 끝에 올 수 있다.

She is the friend **with whom** I live.

She is the friend(**who [whom/that]**) I live **with**.

※ <전치사+관계대명사>의 어순일 때는 who나 that을 쓸 수 없고 관계대명사를 생략할 수도 없다.

EXERCISE 03

밑줄 친 부분을 어법에 맞게 고치시오.

1. I visited the house <u>which</u> she lives.

2. Do you know the man to <u>who</u> Jane will get married?

3. Volleyball is the sport <u>which</u> I am fond.

4. This is the story <u>which</u> I am interested.

5. She didn't like the movie <u>what</u> we saw yesterday.

6. A child <u>who</u> parents are dead is called an orphan.

7. He is the friend <u>which</u> I gave a book to.

8. <u>Which</u> you say is true.

6 관계부사

관계부사 when, where, why, how는 각각 시간, 장소, 이유, 방법의 선행사를 수식하는 관계사 절을 이끌며, 관계사 절 안에서 부사역할을 한다.

Do you remember the day **when** it happened?
(Do you remember <u>that day</u>+it happened <u>on that day.</u>)
(=Do you remember the day **on which** it happened?)
관계부사는 <전치사+관계대명사>로 나타낼 수 있다.

1. ① I met James the day **when** I arrived there.

   ② Everyone knows the reason **why** he met his teacher.

   ③ This is the place **where** I met her.

   ④ This is **how** I solved the problem.

2. ① This is the **why** I like her.

   ② That's **how** he did it.

   ③ This is **where** we used to meet after school.

   ④ Monday is **when** I am busiest.

【해석】 1. ① 나는 내가 거기 도착한 날에 제임스를 만났다.

② 모든 사람들은 그가 그의 선생님을 만난 이유를 안다.

③ 이곳은 내가 그녀를 만났던 장소이다.

④ 이것이 내가 그 문제를 해결한 방법이다.

2. ① 이것이 내가 그녀를 좋아하는 이유이다.

② 그것이 그가 그 일을 한 방법이다.

③ 여기가 우리가 방과 후에 만났던 곳이다.

④ 월요일이 가장 바쁘다.

【해설】 1. ① the day **when**=in [on, at]which

② the reason **why**=for which

③ the place **where**=in [on, at]which

④ **the way how**라고는 쓰이지 않고 the way나 how 중 하나를 쓰든지, the way that [in which]을 쓴다.

※ This is the house **where** I live.

위의 문장은 This is the **house**와 I live **here**가 합쳐진 문장으로 볼 수 있다. **the house**와 **here**는 실질적으로 동일한 뜻을 나타내므로 the house를 선행사로 하고 부사인 here를 없앤 대신에 관계부사 where로 두 문장이 연결되었다.

그런데 This is the house와 I live in the house를 연결시켜, 하나의 문장을 만드는 경우는 This is the house **in which** I live가 된다. 관계대명사를 쓰는 이유는 which가 두 번째 문장에 나오는 명사인 the house를 대신하기 때문이다.

이처럼 관계부사 where, when, why, how는 접속사 및 부사의 역할을 하며, 장소이면 where, 시간이면 when, 이유이면 why, 방법이면 how를 쓴다.

2. 선행사가 생략된 관계부사

관계부사 why, how, where, when의 선행사가 각각 the reason, the way, the place, the day 등일 때 이들을 생략할 수 있다. 특히 the way how는 피하여야 할 용법임. 이 경우 관계부사가 이끄는 절은 명사절이 된다.

This is (the place) **where** he was born.

I don't know (the reason) **why** he did it.

This is **how** she did it.

Will you let me know (the time) **when** he starts?

위의 예처럼 관계부사의 선행사는 흔히 생략된다.

7 관계사의 계속적 용법

관계사 앞에 콤마(comma)가 있는 경우를 계속적 용법이라 하며 선행사에 관하여 설명을 가하는 것이다. 계속적 용법의 관계대명사는 <접속사＋대명사>, 관계부사는 <접속사＋부사>의 의미를 나타낸다. 관계대명사 that, what과 관계부사 why, how는 계속적 용법으로 사용할 수 없다.

1. They have a son, who is a doctor.

   cf. They have a son who is a doctor.

2. Jack, who is a musician, is going to visit us.

3. I visited the village, **where** I met an old friend of mine.

4. I was about to go out, **when** he came to see me.

【해석】 1. 그는 아들이 하나 있다. 그런데 그가 의사이다.

   cf. 그들은 의사인 아들이 하나 있다.

   2. 음악가인 잭이 우리를 방문할 것이다.

   3. 나는 그 마을을 방문했는데, 그곳에서 옛 친구를 만났다.

   4. 내가 막 나가려고 하고 있었다. 그런데 그때 그가 나를 보러 왔다.

【해설】 계속적 용법의 관계대명사는 <접속사＋대명사>로 바꾸어 쓸 수 있다.

1. They have a son, and he is a doctor.

2. 고유명사가 선행사인 경우 제한적으로는 쓰지 않는다.

3. 관계부사의 계속적 용법은 「접속사(and, but, for 등)+부사」의 기능을 갖게 됨. 관계대명사의 계속적 용법과 비슷한 기능을 갖는다.=I visited the village, and I met an old friend of mine there.

4. =I was about to go out, and then he came to see me.

※ 관계대명사 that, what과 관계부사 why, how는 계속적 용법으로 사용할 수 없다.
why에는 이러한 용법이 없으므로 다음과 같이 고쳐 써야 한다. He had long been ill in bed, **for which reason** he had to send in his resignation. (그는 오랫동안 병석에 누워 있었다. 그 까닭에 사표를 제출해야만 했다.)

8 복합관계사: 〈관계사+-ever〉, 선행사를 포함한 관계사로, 문맥에 따라 명사절, 또는 부사절을 이끈다.

1. ① **Whoever** wants it may have it.(=Anyone who)

   ② Invite **whomever** you like.(=anyone whom)

   ③ I'll do **whatever** you tell me to do.(=anything which)

   ④ You may choose **whichever** you like.

2. ① **Wherever** he goes, I'll follow him.

   ② **However** hard it is, I can solve it.

   ③ You can call me **whenever** you like.

【해석】 1. ① 그것을 원하는 누구든지 가져도 좋다.

   ② 네가 좋아하는 사람은 누구든지 초대해라.

   ③ 네가 하라고 말하는 것은 무엇이든지 하겠다.

   ④ 네가 좋아하는 것은 어느 것이든지 선택해도 좋다.

   2. ① 그가 어디에 가든지 나는 그를 따를 것이다.

② 그것이 아무리 어려울지라도 나는 해결할 수 있다.

③ 네가 좋을 때 아무 때나 전화해.

【해설】 1. 복합관계대명사

what, who, whom, which는 ever와 결합하여 복합관계대명사를 만든다.

2. 복합관계부사

when, where, how에 -ever가 붙은 것으로 「(아무리)~라도」란 뜻을 나타낸다.

Whenever you may go, you will be warmly received.

네가 언제 오더라도 너는 따뜻하게 환영을 받을 것이다.

However hard you may try, you will not succeed.

아무리 노력을 해도 너는 성공하지 못할 것이다.

wherever=to any place that

however=no matter how

whenever=at any time that

EXERCISE 04

보기와 같이 관계부사를 써서 두 문장을 하나로 만드시오.

☞ Ex. I remember the day. He was born on that day.
⟼ I remember the day when he was born.

1. This is the river. We used to swim in the river.

→ This _____.

2. That's the building. They had a meeting there.

→ That's _____.

3. Everyone knows the reason. He met his teacher for that reason.

→ Everyone _____.

EXERCISE 05

보기와 같이 관계부사를 접속사+부사로 바꾸어 쓰시오.

> ☞ Ex. He went to London, **where** he studied English for three years.
> → He went to London, **and there** he studied English for three years.

1. I went downtown with my sister, where she bought a doll.

2. I was about to go out, when he came to see me.

3. We drove along Orange Avenue, where most of the foreign embassies in Washington are located.

4. Tom visited his uncle's, where he met a famous poet.

5. I called on her at noon, when she was playing the piano.

EXERCISE 06

두 문장이 같은 뜻이 되도록 복합관계사를 쓰시오.

1. I will give it to anyone who comes first.

→ I will give it to _____.

2. You can eat any one that you like.

   → You can eat _____.

3. Anything that has a beginning has an end.

   → _____ has an end.

4. You can park your car at any place where you like.

   → You can park your car _____.

5. No matter how hard I try, I still can't do it.

   → _____, I still can't do it.

6. She goes to the swimming pool at any time that she's free.

   → she goes to the swimming pool _____.

12

형용사와 부사(Adjective & Adverb)

형용사의 기능은 직접 또는 간접으로 명사나 대명사를 수식하여 그 성질, 상태, 종류, 수량 등을 표시하는 것으로서 일종의 수식어 (modifier)이다.

① 형용사의 한정 용법과 서술 용법

1. All the people **present** were **pleased** to hear it.
2. The girl turned **pale** to hear the news.
3. This is a **wooden** house.
4. The baby is still **asleep**.
5. **Ill** news runs apace.

【해석】 1. 참석한 모든 사람들은 그것을 듣고 기뻐했다.
　　　　 2. 그 소녀는 소식을 듣고 창백해졌다.
　　　　 3. 이것은 목조로 된 집이다.
　　　　 4. 아기는 아직도 자고 있다.
　　　　 5. 나쁜 소식은 빨리 퍼진다.

【해설】 명사의 앞, 뒤에 와서 명사를 수식하는 한정 용법과 불완전자동사의 보어로 쓰이는 서술 용법이 있다.

1. present는 위치에 따라 의미가 달라진다. the king (who is)present
「참석한 왕」, the present king 「현재의 왕」
The **late** President Kennedy. (고 케네디 대통령)
He was **late** for meeting. (그는 회합에 늦게 왔다.)
a **certain** town (어떤 마음)
He is **certain** to come. (그는 틀림없이 온다.)

2. 형용사가 동사의 보어로 쓰이는 경우를 말한다. be, become, turn,
grow, seem, sound, look 등의 뒤에서 주격보어로 쓰인다.
주격보어와 목적보어
He was **awake** all the night. (주격보어)
Don't keep the door **open**. (목적보어)
It is **worth** reading. (주격보어)

3. elder, only, mere, chief, wooden 「나무로 만든」 등은 제한적으
로만 쓰인다.
4. asleep, alive, awake, afraid, worth 등은 서술적으로만 쓰인다.
He is **afraid** of the results. 그는 결과를 두려워한다.
5. 한정적이냐 서술적이냐에 따라 의미가 다르게 쓰이는 경우.
He is **ill** with a fever. 「앓고 있다」 ill news 「나쁜 소식」
He is an **able** man.(=clever)
He will be able to do it.(=have the ability)

② 수량을 나타내는 형용사

1. I didn't receive **many** letters yesterday.
2. We didn't have **much** rain last summer.
3. She asked me **a lot of [lots of]** questions.

I drank **a lot of [lots of]** beer yesterday.

4. I'll buy **some** T-shirt tomorrow.

I don't have **any** cash on me.

5. **Only a few** students helps her.

There are **few** trees in this area.

6. I added **a little** to the cup.

I have **little** money left.

【해석】 1. 나는 어제 많은 편지를 받지 않았다.

2. 작년 여름에는 많은 비가 내리지 않았다.

3. 그녀는 내게 많은 질문들을 했다. 나는 어제 맥주를 많이 마셨다.

4. 내일 약간의 티셔츠를 살 것이다.

나는 현금이 좀 없다.

5. 단지 약간의 학생만이 그녀를 도왔다. 이 지역에는 거의 나무가 없다.

6. 컵에다 물을 좀 첨가했다.

나는 돈이 거의 남아 있지 않다.

【해설】 1. many는 셀 수 있는 명사(letters)와 쓰인다.

2. much는 셀 수 없는 명사(rain)와 함께 쓰인다.

3. a lot of [lots of], plenty of는 가산명사, 불가산명사 둘 다와 쓰인다.

4. 일반적으로 some은 긍정문에, any는 부정문, 의문문, 조건문에 쓰인다.

※ 의문문이라도 긍정의 대답을 기대할 때, 또는 권유나 부탁을 나타낼 때는 some
을 쓴다.

Would you like to have **some** tea?

5. a few(약간의)와 few(거의 없는)는 셀 수 없는 명사 앞에, a little(약
간의)과 little(거의 없는)은 셀 수 없는 명사 앞에 쓰인다.

③ 형용사의 위치

1. Life is not an **empty** dream.
2. A book **worth** reading.
3. Look at **those two large stone** buildings.
4. He has a **kind** and **gentle** heart.

【해석】 1. 인생은 헛된 꿈이다.
2. 읽을 가치가 있는 책.
3. 저 두 개의 크고 오래된 석축 건물을 보시오.
4. 그는 친절하고 부드러운 마음을 가지고 있다.

【해설】 1. 관사+형용사+명사
형용사가 명사를 한정적으로 수식할 때의 위치이다.
2. 관사+명사+형용사
여러 가지 이유로 해서 형용사가 다음과 같이 명사 다음에 온다.
Alexander the Great 알렉산더 대왕, paradise Lost 실낙원
something(anything) wrong 잘못된 것
Korea (of) today and tomorrow 오늘과 내일의 한국
3. 형용사의 어순은 「지시+수량+대소+성질+신구+재료」의 순서임. 그 관계는 결국 여러 형용사들 가운데 어느 것이 명사와 가장 밀접한 관련성을 나타내느냐에 따라 명사의 속성을 가장 잘 나타내는 것이 명사와 가장 가까운 자리에 위치하게 된다. a big wooden table을 놓고 볼 때 big보다 wooden이 명사 table에 더 직접적으로 해당한다는 뜻임. (예) **These three English** gentlemen helped me greatly with my English. 이분들 세 영국 신사들께서 내가 영어 공부하는 것을 많이 도와주셨다.
4. (형용사+형용사)+명사
이때 형용사의 차례는 음절의 수가 적은 것이 앞에 온다.
a long, narrow lane

4 the+형용사(분사)=복수 보통명사

1. **The rich**(=**Rich people**) are not always happy.
2. **The Koreans** live on rice.
3. The **English** import many **Korean** products.

【해석】 1. 부자들이 항상 행복한 건 아니다.
   　　　2. 한국인들은 주식이 쌀이다.
   　　　3. 영국 국민은 많은 한국 제품을 수입한다.

【해설】 1. 형용사 또는 형용사적인 성질을 가진 분사 앞에 정관사(the)가 붙어서 복수 보통명사의 뜻으로 쓰이는 일이 흔히 있다. the rich(부유한 사람들=the rich people), the poor(가난한 사람들), the dead(죽은 자들), the learned(학식 있는 자들).
   　　　◉주의: 극히 드문 일이지만 단수를 나타내는 경우도 있다. The deceased=the dead person(고인)
   　　　The coward die many times, but **the brave** die only once. 비겁한 자들은 여러 번 죽지만, 용감한 사람은 단 한 번 죽는다.
   　　　The learned are apt to despise **the ignorant**. 유식한 자들은 무식한 자들을 멸시하기 쉽다.
   　　　2. The+고유형용사=국민 전체
   　　　3. -ch, -sh, -ess, -ss로 끝나는 국민은 어미에 s를 붙이지 않고, 그 외는 붙인다.

EXERCISE 01

다음 괄호 안에서 알맞은 것을 고르시오.

1. I'll be back in (a little, a few) minutes.

2. I didn't get (any, some) e-mails from you.

3. I have (a few, a little) money with me now.

4. (Few, Little) people knew the truth about the rumor.

5. Did you find (anything interesting, interesting anything) in the book?

6. Why are you drinking so (many, much) coffee?

7. She received (much, a lot of) birthday gifts.

8. There are (big red three, three big red) apples.

9. (The strong, strong) must help the weak.

10. A glass of hot milk made me (warm, warmly).

EXERCISE 02
뜻이 통하도록 알맞은 수량형용사를 쓰시오.

1. 내가 한 말에 동의한 사람은 거의 없다.

   _____ people agreed with what I said.

2. 의사는 내게 상한 이가 몇 개 있다고 말했다.

   The doctor said that I had _____ bad teeth.

3. 맨 위 선반에 약간의 설탕이 있다.

   We have _____ sugar on the top shelf.

4. 어제는 도로에 교통량이 거의 없었다.

   There was _____ traffic on the road yesterday.

⑤ 부사의 형태

부사는 동사, 형용사, 부사 또는 문장 전체를 수식하며, 때, 장소, 방법, 빈도 등의 의미를 나타낸다.

1. slow→slow**ly**, loud→loud**ly**

2. <u>형용사</u>   <u>부사</u>

   This is a **fast** car.   He runs **fast.**

   He is a **hard** worker.   He studies **hard.**

   He has got **well.**   He speaks English **well.**

3. I got up at six **this morning.**

   Please come **this way.**

4. He arrived **late.**

   He has **lately** returned from abroad.

【해석】 1. 느린→느리게, (소리가) 큰→큰 소리로

   2. 이것은 빠른 차다. 그는 빨리 뛴다.

      그는 열심히 일하는 근로자다.   그는 열심히 일한다.

      그는 건강해졌다. 그는 영어를 잘 말한다.

   3. 나는 오늘 아침 6시에 일어났다.

      이쪽으로 오십시오.

   4. 그는 늦게 도착했다.

      그는 최근에 해외에서 돌아왔다.

【해설】 1. 많은 부사는 형용사에 -ly를 붙여서 형태를 갖는다.

   2. 부사 가운데는 형용사와 형태가 같은 것이 있다.

      이와 같이 형용사, 부사 양쪽으로 사용할 수 있는 낱말로는 그 밖에

enough, early, late, long, high, little 등이 있다.

3. 명사가 부사로 사용되는 경우도 있다.

4. late 늦게, lately 최근에

   near 가까이, high 높게, hard 열심히

   nearly 거의, highly 매우, hardly 거의~않다

⑥ 부사의 기능

1. The lion was roaring **loudly**.

2. The headache drove me **nearly** mad.

3. He did really **well**.

4. **Anyway,** we can't ignore the importance of the internet in our daily life.

5. He **alone** knows it.

【해석】 1. 사자가 큰 소리로 으르렁거리고 있었다.

2. 두통이 나를 거의 미치게 몰았다.

3. 그는 참으로 잘 했다.

4. 아무튼, 우리는 일상에서 인터넷의 중요성을 무시할 수 없다.

5. 그 남자만이 그것을 안다.

【해설】 보통 동사, 형용사 또는 다른 부사를 수식하며 문장 전체나 (대)명사를 수식하는 경우도 있다.

1. 동사를 수식 2. 형용사를 수식 3. 다른 부사를 수식 4. 문장 전체 수식

5. 대명사를 수식

⑦ 부사의 위치

1. She is **very** kind. She works **very** hard.
2. I don't like him **simply** because he is lazy.
3. He walks **slowly**. He slept **soundly**.
4. She **fluently** speaks English. She speaks English **fluently**.
5. He **never comes** late.   She **usually gets up** early.

   He **is never** late.   You **should never** do so.
6. He arrived **safely there yesterday**.

   My father worked **late in his office last night**.

【해석】 1. 그녀는 매우 친절하다. 그녀는 매우 열심히 일한다.
2. 단지 그가 게으르기 때문에 나는 그를 좋아하지 않는다.
3. 그는 천천히 걷는다. 그는 깊이 잠들었다.
4. 그는 영어를 유창하게 말한다.
5. 그는 결코 늦게 오지 않는다. 그녀는 보통 일찍 일어난다.

   그는 절대 늦지 않는다. 너는 결코 그렇게 하지 말아야 한다.
6. 그는 어제 거기에 안전하게 도착했다.

   나의 아버지는 어젯밤 그의 사무실에서 늦게까지 일하셨다.

【해설】 1. 형용사는 부사를 수식할 때에는 바로 앞에 온다.
2. 부사구나 부사절을 수식할 때에도 바로 앞에 온다.
3. 자동사를 수식할 때에는 동사 뒤에 온다.
4. 타동사를 수식할 때에는 동사 앞이나 뒤에 온다.
5. 빈도를 나타내는 부사 always, often, never, ever, usually, seldom, sometimes와 정도를 나타내는 부사 almost, scarcely, hardly, …는 일반동사의 경우에는 그 앞에 오고, 조동사나 be 동사의 경우에는 그다음에 온다.
6. 둘 이상의 부사를 사용할 때의 순서는 「태도+장소+때」이다.

※ 정도를 나타내는 부사 so, too, how가 「형용사+명사」 앞에 올 때의 부정관사의 위치는 명사 바로 앞이다.

I've never read so interesting a book. (This is an interesting book.)

It was too large a house. (It was a large house.)

How funny a thing this is! (이것은 참 우습기도 한 것이구나!)

8 주의해야 되는 부사

1. She is **quite** a beauty. 그녀는 아주 미인이다.

2. He wanted to meet someone **else**. 그는 그 밖의 누군가를 만나기를 원한다.

3. I'm not tired, and Jane isn't tired, **either**. 나는 피곤하지 않고 제인도 역시 피곤하지 않다.

4. Mary can play the piano **very** well. 메리는 피아노를 매우 잘 친다.

5. Mary can play the piano **much** better than I. 메리는 나보다 훨씬 더 피아노를 잘 친다.

6. I bought the TV a month **ago**. 나는 한 달 전에 TV를 샀다.

7. He said that he had visited America a month **before**. 그는 한 달 전에 미국을 방문했었다고 말했다.

8. I have **already** finished my homework. 나는 숙제를 이미 끝냈다.

9. Have you read today's paper **yet**? 오늘 신문을 벌써 읽었니?

10. I **still** can't understand what she said. 나는 그녀가 말한 것을 아직도 이해할 수 없다.

【해설】 1. quite+a+명사의 경우 「제법, 아주, 꽤」 등의 뜻

2. else는 의문사나 some, any-, no, every- 등의 복합어 뒤에서 쓰인다.

3. 긍정에 계속되는 긍정에서는 too, 부정에 계속되는 부정에서는 either 를 쓴다.

4. very는 형용사나 부사의 원급을 수식한다.

5. much는 비교급이나 동사를 수식한다.

6. ago는 지금을 기준하여 「~전에」의 뜻 <과거시제>

7. before는 과거의 어느 시점을 기준하여 「~전에」의 뜻

8. already: (긍정문) 「이미」, (의문문) 「벌써(놀라움)」

9. yet: (부정문) 「아직」, (의문문) 「이미」

10. still: (긍정문 및 부정문) 「아직: 여전히」 <상태의 계속> 부정문에서 still은 부정어의 앞에 쓴다.

EXERCISE 03

다음 괄호 안에서 알맞은 것을 고르시오.

1. I have received no news from my son. (already, yet)

2. She arrived home a few days. (ago, before)

3. He is (much, very) older than I.

4. It is an (very, much) exciting story.

5. Rise your hand (high, highly).

6. He (hard, hardy) ever works.

EXERCISE 04

다음 문장에서 틀린 부분을 고치시오.

1. I haven't seen her late.

2. He visited Europe eight years before.

3. He is very loved by the students.

4. Jane hardly has been late for school.

5. This hat doesn't suit you. Take off it.

6. They love an alone life in the country.

13

비교 구문(Comparison)

형용사나 부사가 형태 변화를 통해 '~더~한 [하게], 가장~한 [하게]이라는 뜻을 나타낸다.

① 형용사·부사의 비교 변화

1. short-shor**ter**-short**est**

2. hot-hot**ter**-hot**test**

3. pretty-prett**ier**-prett**iest**

4. easily-**more** easily-**most** easily

   careful-**more** careful-**most** careful

5. good/well-**better-best**   many/much-**more-most**

   bad/ill-**worse-worst** little-**less-least**

【해설】 1. 1음절 단어+-(e)r/-(e)st

2. <단모음+단자음>으로 끝나는 단어: 자음을 한 번 더 쓰고+-er/-est

3. -y로 끝나는 단어: y를 i로 바꾸고+-er/-est

4. -ful, -ous, -ing, -ive, -ly 등의 접미사가 붙은 2음절 단어 대부분과 3음절 이상의 단어: 단어 앞에+more/most

5. 비교급과 최상급이 불규칙하게 변하는 단어

② 원급을 이용한 비교 표현

1. My father is **as old as** yours.

    cf. He is not as [so] **rich** as your father.

2. The living roon is twice **as large as** my room.

3. I tried to run **as fast as** possible [I could].

4. True happiness lies **not so much** in wealth **as** in contentment.

    He is **not so much** a poet **as** a musician.

    (=He is a musician rather than a poet.)

    cf. He is **not so much as** ask me to sit down.(=He did not

    even ask me to sit down.)

5. He is **not as** old **as** he looks.

6. He is **as** tall **as any** student in his class.

    This is **as** strange an event **as ever** happened to him.

7. **As** food nourishes our body, **so** books nourish our mind.

8. She is **as** kind **as can be**.

9. She is **as** diligent **as** (she is) clever.

【해석】 1. 나의 아버지는 너의 아버지만큼 늙으셨다.

　　　　　　cf. 그는 나의 아버지만큼 늙지 않으셨다.

　　　　2. 거실이 나의 방의 두 배만큼 넓다.

　　　　3. 나는 가능한 한 빨리 뛰려고 애썼다.

　　　　4. 참된 행복은 부보다는 오히려 만족에 있다.

　　　　　　그는 시인이기보다 오히려 음악가이다.

　　　　　　cf. 그는 나에게 앉으라고 권하지조차도 않았다.

　　　　5. 그는 보이는 만큼 나이가 들지 않다.

6. 그는 학급에서 어떤 학생보다 키가 크다.

이것은 그에게 일어난 것 중에서 가장 이상한 사건이다.

7. 음식이 우리 몸에 영양을 공급하는 것같이 책은 우리의 마음에 영양을 공급한다.

8. 그는 매우 친절하다.

9. 그녀는 똑똑할 뿐만 아니라 근면하다.

【해설】 1. <A is **as 원급 as** B>는 동등 비교의 표현으로서, 「A는 B만큼~하다」의 뜻이며 부정형은 <A is **not as [so] 원급 as** B>

2. <**배수사+as 원급 as**>가 비교의 관계를 나타낸다. <**배수사+비교급+than**>도 가능하다.

   cf. My father is three times older than [as old as] I.

3. <**as+원급+as possible**>은 「가능한 한~하게」의 뜻이며 possible 대신에 <주어+can>을 쓸 수 있다.

4. **not so much~as~** 구문:~라기보다 오히려~이다.

   cf. (not so much as가 붙어 있으면 not even 「~조차도 않는다」의 뜻.)

5. **not as~as**…=…만큼~아니다.

6. **as~as any+명사**(=He is **the tallest** student in his class.)
   <as~as ever lived>나 <as~as any…>는 최상급의 의미이다.
   <as+형+a+명사>의 어순에 주의.

   as~as ever+동사(=This is **the most strange event** that (has)ever happened to him.)

7. As~, so…=~하듯이, …하다 as~, so~ 구문은 문어체로서 as와 so가 상관접속사를 이루며 구어체에서는 대개 so가 생략됨. As trees need water and sunshine, so man needs food. (나무가 물과 햇빛을 필요로 하듯이 사람은 식량이 필요하다.)

8. **as kind as(kind) can be**=매우 친절한

9. <as A as B>형은 동일한 사물의 두 성격을 비교(=She is not only clever but also diligent.)

③ 비교급을 이용한 비교 표현

1. My son is now **taller** than I.

   cf. He is **less** tall than my brother.

2. He is **much** better than yesterday.

3. He is **more diligent than** intelligent.

4. He thinks he is **superior to** her.

5. It is getting **warmer and warmer**.

6. **The higher** we climbed, **the cooler** it became.

   cf. Jim and Jack were brothers. Jim was the stronger of the two.

7. She is **more cute than** pretty. *cf.* She is **cuter than** her sister.

8. He is t**he taller of the two**.

9. He is five years **senior to** his brother.

10. I have **no more than** $100.

11. It was **no more than**(=only) a small, poor country.

    He paid **no more than**(=only) one hundred dollars.

12. We walked **not more than**(=at most) five miles today.

    He is **not more than**(=at most) twenty years old.

13. He has **no less than**(=as many as) two hundred books.

    He has **no les than** five sons.

14. He has **not less than**(=at least) 1,000 dollars.

15. **No** other girl in the class is **so** beautiful **as** Jane.

    =**No** other girl in the class is **more** beautiful **than** Jane.

    =Jane is **more** beautiful **than any other** girl in the class.

    =Jane is **the most** beautiful girl in the class.

16. He is **a most**(=very) learned scholar.

【해석】 1. 나의 아들은 나보다 지금 더 크다.

　　　　　cf. 그는 나의 동생보다 작다.

　　2. 그는 어제보다 훨씬 더 나아졌다.

　　3. 그는 똑똑하기보다는 성실하다.

　　4. 그는 그녀보다 우월하다고 생각한다.

　　5. 점점 날씨가 따뜻해지고 있다.

　　6. 우리가 더 높이 올라갈수록 날씨가 더 서늘해진다.

　　　　cf. 잭과 짐은 형제다. 짐이 둘 중에서 더 세다.

　　7. 그녀는 예쁘기보다는 귀엽다.

　　　　cf. 그녀는 언니보다 더 귀엽다.

　　8. 그는 둘 중에서 더 크다.

　　9. 그는 동생보다 다섯 살 연상이다.

　　10. 나는 단지 100불을 가지고 있다.

　　11. 그 나라는 단지 작고 가난한 나라였다.

　　　　그는 단지 백 달러를 지불했다.

　　12. 우리는 기껏해야 5마일 걸었다.

　　　　그는 기껏해야 20세밖에 안 된다.

　　13. 그는 책이 200권이나 있다.

　　　　그는 아들이 다섯이나 있다.

　　14. 그는 적어도 1,000달러는 가지고 있다.

　　15. 학급에서 어떤 소녀도 제인보다 더 아름답지 않다.

　　16. 그는 매우 학식이 높은 학자이다.

【해설】 1. <A is 비교급+than B>는 우등비교의 표현이며, 열등비교는 <A is less+원 급+than B>나 <A is not as [so]+원급+as B>이다.

　　2. 비교급을 강조할 때는 much, even, still, far, a lot 등.

　　3. 동일인의 성질 비교는 more를 쓴다.

4. -**or**로 끝나는 형용사에는 than 대신에 to를 쓴다.

5. **비교급+and+비교급: 「점점 더~」란 뜻을 나타낸다.**

6. **the**+비교급~, **the**+비교급**의 구문.**

   흔히 「비례비교급」으로 불리는 「the+비교급~, the+비교급~」
   은~하면 할수록 그만큼 더~」란 뜻을 나타낸다.

   cf. **the**+비교급+**of the two**=둘 중에서 더~한

7. 한 가지 대상의 두 가지 성격을 비교할 때(=She is cute rather
   than pretty.)

8. of the two가 있을 때는 비교급에도 the를 쓴다.

9. senior 「연상의」, junior 「연하의」, superior 「우수한」(↔ inferior)
   뒤에는 than을 쓰지 않고 to를 쓴다.

   cf. I **prefer** tea **to** coffee. 「커피보다 차를 더 좋아한다.」

10. no more than(=only), not more than(=at most)

11. no more than~: **no more than~**은 **only**의 뜻을 나타낸다.

12. **not more than=at most** 「기껏해야」

13. **no less than~**: no less than~은 「~만큼이나(=as many as,
    as much as)」의 뜻을 나타낸다.

14. **not less than**은 「적어도」(=**at least**)

15. No+주어+so+원급+as~: 「다른 어느~도~만큼~하지는 않다」의
    구문이 있다.

16. very의 뜻을 나타내는 **a most**

    그러나 부정관사 a나 정관사 the를 수반하지 않는 most는 「대부분
    의」의 뜻을 나타낸다.

    Most learned men are poor.

    대부분의 학자들은 가난한다.

④ 최상급을 이용한 비교 표현

1. She is **the happiest of** us all.

2. I like English **best** of all the subjects.

3. This road map is **by far** the most useful of all.

cf. This is the very best book.

4. Edward is **the third tallest** boy in my class.

5. Mr. Smith is **a most** learned man.

6. This lake is **deepest** at this point.

7. **The fastest** rumor can't catch up with him.

【해석】 1. 그녀는 우리 모두 중에서 가장 행복하다.

　　　 2. 나는 모든 과목 중에서 영어를 가장 좋아한다.

　　　 3. 이 도로 지도는 모든 것 중에서 가장 유용하다.

　　　　　 cf. 이것은 가장 좋은 책이다.

　　　 4. 에드워드는 우리 학급에서 세 번째로 키가 큰 소년이다.

　　　 5. 스미스 씨는 매우 학식 있는 사람이다.

　　　 6. 이 호수는 이 지점이 가장 깊다.

　　　 7. 가장 빠른 소문조차도 그를 따라잡을 수 없다.

【해설】 1. 형용사의 최상급은 the와 함께 쓰며, 비교의 대상을 표현하기 위하여 그 뒤에 전치사 in이나 of가 온다. in은 장소에, of는 같은 종류의 복수 표현에 쓴다.

　　　　　 cf. Alaska is **the largest** state in the United States. 알라스카는 미국에서 가장 큰 주이다.

　　　 2. 부사의 최상급에는 the를 쓰지 않아도 된다.

　　　　　 cf. John runs (the) **fastest** of all the boys here.

　　　 3. much, by far는 <the+최상급> 앞에서 강조하며, very는 <the very+최상급>의 형태이다.

4. 최상급 앞에 서수를 쓰면 「~번째로 가장~한」의 뜻.

5. most가 very의 뜻이다.

6. 동일물 자체의 성질을 비교할 때 the를 쓰지 않는다.

7. 최상급에 양보의 의미가 포함됨.(=Even the fastest~)

⑤ 최상급 구문의 문장 전환

1. Mt. Everest is **higher than** any other mountain in the world.

2. This is **the most interesting** book that I have ever read.

3. Einstein was **one of the most famous scientists** in history.

【해석】 1. 에베레스트산은 세계에서 다른 어떤 산보다 더 높다.

　　　　2. 이것은 내가 읽은 책 중에서 가장 재미있는 책이다.

　　　　3. 아인슈타인은 역사에서 가장 유명한 과학자 중의 한 사람이다.

【해설】 1. 최상급의 의미를 원급이나 비교급을 사용하여 나타냄.

　　　　cf. No (other) mountain in the world is **higher than** / so

　　　　high as Mt. Everest.

　　　　2. <the+최상급+(that)+주어+have [has, had]ever p.p.>: '주어'가

　　　　지금까지~한 것들 중 가장 …한.

　　　　3. <one of the+최상급+복수명사>: 가장~한 것들 중 하나.

⑥ the+비교급+because (for, it, *etc.*)

1. I would be **the happier if** he were here with me.

2. He worked **all the harder because** his master praised him.

3. I love him all **the more for** his faults.

4. We do not like him **the less because** he has faults.

【해석】 1. 그가 지금 나와 함께 여기에 있다면 나는 더욱 행복할 것이다.

2. 그는 주인이 자기를 칭찬해주었기 때문에 그만큼 더 열심히 일했다.

3. 결점이 있으므로 나는 더욱 그를 사랑한다.

4. 우리는 그가 결점이 있다고 해서 그를 덜 좋아하는 것은 아니다.

【해설】 the+비교급+because (for, it, *etc.*)

영어의 형용사나 부사의 비교급 앞에는 보통 정관사(the)가 붙지 않는다. 그러나 뒤에 조건이나 이유를 나타내는 말이 와서 그 뜻이 「만약~한다면 그만큼 더~하겠다」 또는 「~이기 때문에 그만큼 더~하겠다」등의 뜻이 될 때에는 비교급 앞에 정관사(the)를 붙이게 되는데 이때의 the는 지시부사로서 「그만큼~」이라는 뜻을 가지게 된다.

EXERCISE 01

다음 문장에서 틀린 부분을 고치시오.

1. She earns much money than I do.

2. It's getting hoter every day.

3. She is the one of the famousest singers in Korea.

4. You should have been carefuler.

5. Jane is taller of the two

6. Gyungju is far the most popular tourist in Korea.

EXERCISE 02

다음 괄호 안에서 알맞은 것을 고르시오.

1. I like Math better than (any, any other) subject.

2. Sam is superior (than, to) me in English.

3. She is (kinder, more kind) than wise.

4. I have nothing (farther, further) to say.

EXERCISE 03

우리말과 같은 뜻이 되도록 문장을 완성하시오.

1. 그녀의 방은 내 것보다 세 배 크다.(big)

   Her room is three times _____ mine.

2. 나는 가능한 한 열심히 공부하려고 한다.(hard)

   I try to study _____.

3. 이 책은 저것보다 2배 무겁다.(heavy)

   This book is _____ as that one.

4. 너의 가방은 내 것보다 덜 깨끗하다.(clean)

   Your bag is _____ _____ than mine.

5. 더 높이 올라갈수록 날씨가 더 추워졌다.(high, cold)

   _____ _____ we went up, ____ _____ it became.

EXERCISE 04

두 문장이 같은 뜻이 되도록 빈칸을 채우시오.

1. John is the tallest boy in his class.
   =John is taller than all (   ) (   ) (   ) in his class.

2. This is the most expensive book that I've ever brought.
   =I have (   ) bought (   ) (   ) a book as this one.

3. The River Han is the longest in Korea.
   =(   ) (   ) river in Korea is (   ) (   ) the River Han.

4. This house is twice the size of ours.
   =Our house is (   ) as large as this one.

5. He was sad rather than angry.
   =He was (   ) angry than sad.

6. He is the best player that I've ever than him.
   =I have (   ) seen a (   ) player than him.

EXERCISE 05

다음 지시대로 바꾸시오.

1. He is the tallest boy in his class. (비교급으로)

2. Nothing is more important than time. (최상급으로)

3. Einstein is the greatest of all scientists. (원급으로)

4. I like tea better than coffee at breakfast. (prefer)

Chapter

14

가정법(Subjunctive Mood)

가정법이란 「사실에 반대되는 가정」을 나타낼 때 사용하는 문법 형식으로 가정법 현재·가정법 미래·가정법 과거완료가 있다.

① 가정법 현재(Subject Present): 현재 혹은 미래에 대한 단순한 가정, 상상 혹은 소망

1. If it **be** true, we shall be all a loss.

   If is **rains** tomorrow, the meeting will be put off.
2. I suggested that he **go**(=should go) to Europe.
3. God **save** the Queen!(=May God save the Queen!)

   Peace **be** with you!(=May peace be with you!)
4. **Cost** what it may, I will buy the painting.

【해석】 1. 만일 그것이 사실이라면, 우리는 모두 손해일 것이다.

　　　　　 내일 비가 온다면 회의가 연기될 것이다.

　　　　2. 나는 그가 유럽에 갈 것을 제안했다.

　　　　3. 여왕 폐하 만세!

　　　　　 평화가 함께 하시기를!

4. 값이 얼마든 간에 나는 그 그림을 살 것이다.

【해설】 1. 현재 또는 미래에 관한 상상, 원망, 양보, 가정의 의미를 나타낸다. 원칙적으로는 인칭, 수에 관계없이 동사의 원형을 쓰나 현재형을 쓰는 경우가 있다.

2. 제안, 요구 등을 의미하는 동사(suggest, propose, recommend 등)가 오면 that 다음에 오는 동사는 원형을 쓴다.

It is [was]natural [necessary, strange, proper 등] that~구문에서는 should 다음에 동사의 원형을 쓴다.

It is strange that he (should)**have** no sense.

3. 가정법 현재가 기원, 소망, 기대 등을 나타내는 경우에도 쓰인다.

4. 명령형을 사용한 양보.=Whatever it may cost, I will buy the painting.

② 가정법 과거(Subjunctive Past): 현재 사실의 반대를 가정하거나 상상

형식은 「If+주어+과거동사(be 동사는 were만)…, 주어+조동사(과거형)…」

1. I **would** buy the car if I **had** enough money.

2. If I **were** the teacher, I would give easier tests.

   =**Were** I the teacher, I would give easier tests.

3. I wish I **were** [**was**]an artist.

4. He talks **as if** [as though]he **knew** everything.

   He talked **as if** [as though]he **knew** everything.

5. **If it were not for** your help, I would fail.

6. **It is** (**high**) **time** they **had** lunch.

7. **With** your help, he **would** certainly succeed.

【해석】 1. 내가 충분한 돈이 있다면, 차를 살 텐데.

2. 내가 선생님이라면 더 쉬운 문제를 낼 텐데.

3. 내가 예술가였으면 좋을 텐데.

4. 그는 모든 것을 아는 것처럼 말한다.

그는 모든 것을 아는 것처럼 말했다.

5. 너의 도움이 없다면 나는 실패할 것이다.

6. 그들이 점심을 먹을 때이다.

7. 너의 도움만 있다면, 그는 틀림없이 성공할 텐데.

【해설】 1. 「If+주어+과거동사(be 동사는 were만)…, 주어+조동사(과거형)…」

=As I don't have enough money, I will not buy the car.

2. **If**의 생략=If I were you

3. **I wish** 가정법(=I am sorry I'm not an artist.)

4. **as if** 가정법

cf. He looks **as if** [as though] he is tired.

5. **If it were not for**~ 「~이 없다면」

6. **It is (high) time**~, 구문에도 동사의 과거가 쓰인다.

7. with your help의 **부사구를 If you helped him** 또는 If he had your help의 조건절을 바꿔 쓸 수 있음. (예) With good luck, I might succeed. (운만 있다면 나는 성공할 텐데.) With good luck은 부사구로 조건절을 대신함.

③ **가정법 과거완료(Subjunctive Past Perfect): 과거의 사실에 반대되는 가정을 나타낸다. 형식은 「If+주어+had+p.p.…. 주어(would, should, could, night) have+p.p.」** 1. If he had worked harder, he could have succeeded.

He **must have been** drowned if I **had** not **saved** him.

2. If they **had asked** me, I **would have helped** them.

   =**Had** they asked me, I **would have helped** them.

3. I wish I **had taken** his advice.

4. He talked **as if** he **had heard** the news.

5. **If it had not been for** your help, **I would have failed**.

6. If you **had taken** his advice, you **could** succeed.

【해석】 1. 그가 더 열심히 일했더라면, 성공할 수 있었을 텐데.

   내가 그를 구하지 않았다면 그는 물에 빠져 죽었을 것이다.

   2. 그들이 내게 요청했으면 내가 도와주었을 텐데.

   3. 그의 충고를 들었어야 했는데.

   4. 그는 마치 그 소식을 들었던 것처럼 말했다.

   5. 너의 도움이 없었더라면, 나는 실패했을 텐데.

   6. 네가 그의 충고를 받아들였다면 성공할 수 있었을 텐데.

【해설】 1. =He didn't work harder, so he could not succeed.

   2. **종속절에서 If가 생략되는 경우**

   3. **I wish 가정법**: 과거에 실현하지 못한 원망을 나타낸다.(=I am sorry
   I didn't take his advice.)

   4. **as if 가정법**: (=In fact he hadn't heard the news.)

   5. **If it had not been for** 「~이 없었더라면」

   6. 조건절은 가정법 과거완료, 주절은 가정법 과거: (=As you **didn't**
   take his advice, you **can not** succeed.)

   cf. If you **had taken** his advice, you **could have succeeded.**
   네가 그의 충고를 받아들였다면, 너는 성공했을 텐데.
   (=As you didn't take his advice, you **could not** succeed.)

4 **가정법 미래(Subjunctive Future):** 미래에 대한 강한 의심, 전혀 있을 수 없는 일을 가정. 형식은 「If 주어+(should, were to)+동사원형, 주어+(will, would, shall, should)」

1. If He **should** come, she **would [will]** certainly be pleased.

2. Even if I **were to** lose my life for it, I **wouldn't** change my mind.

   If I **were to** be young again, I **would** study abroad.

【해석】 1. 그가 온다면-올 것 같지 않지만-, 그녀는 확실히 기쁠 것이다.
       2. 내가 그것 때문에 목숨을 잃는 한이 있어도, 나는 마음을 바꾸지 않을 것이다.
          내가 다시 젊어진다면, 나는 유학을 갈 것이다.
【해설】 1. 미래의 사실에 관하여 현재보다 더 강한 의심을 나타낸다.
       2. 순수한 가정을 나타낼 때에는 were to~로 표현한다.

5 **가정법의 특수한 형식**

1. **But for**(=without) **your help**, I **could** not **do** it.

   But for(=without) **your help**, I **could** not **have done** it.

2. **To hear him speak Korean**, one **would** think him Korean.

3. **A gentleman** would not have done so.

4. I **might have been** a singer.

5. He **ought to** (should) **have helped** her.

6. He could easily have finished it **with the money**.

【해석】 1. 너의 도움이 없다면 나는 그것을 할 수 없다.
          너의 도움이 없었다면, 나는 그것을 할 수 없었을 것이다.

2. 그가 한국말을 하는 것을 듣는다면, 누구든지 그를 한국 사람으로 여길 것이다.

3. 그가 신사라면 그렇게 하지 않았을 것이다.

4. 나는 가수가 되었을지도 몰라. (내가 애썼더라면)

5. 그가 그녀를 도와주었어야 했는데.

6. 돈이 있었다면 그가 그것을 쉽게 할 수 있었을 텐데.

【해설】 1. **But for~**나 **Without**이 조건절을 대신하는 경우: But for~나 Without~은 「~ 없이」란 뜻을 갖는다. 그런데 위의 문장에서 I could not do it가 가정법 과거의 주절의 형식을 취하고 있고, I could not have done은 가정법 과거완료의 주절의 형식이기 때문에 문맥상 But for~(또는 Without~)는 각각 문맥에 맞도록 해석하여야 한다.

But for books, we couldn't learn anything.

→ **Without books**, we couldn't learn anything.

→ **If it were not for books**, we couldn't learn anything.

책이 없다면 우리는 어떤 것도 배울 수 없을 것이다.

2. **부정사가 조건절을 대신하는 경우**: One would think him Korean은 「사람들은 그를 한국 사람으로 여길 것이다」란 뜻이 되므로 To hear him speak Korean은 문맥상 가정의 뜻으로 해석하여야 앞뒤의 의미가 맞는다.

3. **~주어가 조건절을 대신하는 경우**: A gentleman에 가정의 뜻이 포함되어 있다. 즉 위의 문장은 「(그가 신사가 아니니까 그런 짓을 했지) 신사라면 그와 같은 짓을 하지는 않았을 것이다」란 뜻이다.

4. I **might have been** a singer. (If I had tried라는 조건절이 생략되었음.)

5. **조동사의 완료형**: might(could, ought to) have+p.p.

「might(could, should, ought to) have+p.p.」는 조건절이 생략

된 가정법 과거완료의 형태이다. 이 중에서 「should, have+p.p.」
또는 「ought to have+p.p.」 구문은 「~했어야 했는데(사실은 그
러지 못했다)」라는 과거 사실에 대한 유감의 뜻을 나타낸다. 조건절
이 생략된 경우는 생략된 조건절이 무엇인지 생각해보아야 한다.
(예) He could easily have done it with your help. (너의 도움
이 있었다면, 그는 그것을 쉽게 할 수 있었을 텐데.) 이 예문에서는
if he had had your help라는 조건절이 생략되었다고 볼 수 있다.

6. **부사구가 조건절을 대신하는 경우**: He **could** easily **have finished** it
   with the money. (if he had had the money의 조건절이 생략됨.)

6 if의 대용 어구: 대신 Suppose (that)~, 또는 Supposing
(that)~이 쓰인다.

1. **Suppose** she saw you, what would she say?

2. **Supposing** it were [was]true, what would you do?

【해석】 1. 그녀가 나를 본다면, 뭐라고 말할까?

2. 그것이 사실이라면 너는 어떻게 할 거니?

EXERCISE 01

다음 (   ) 안의 동사를 적당한 형태로 바꾸시오.

1. I wish my son (is) as wise as yours.

2. If I (had) enough money yesterday, I would have bought it.

3. If I had wings, I (can) fly to you like a bird.

4. If I (was) diligent when I was young, I would be happier

5. If I knew his address, I (will) write him now.

6. If he (is) reliable, I would employ him.

7. It is time we (return) home.

8. A wise man (will) not have had his son idle.

9. He cries as if he (be) a little baby.

10. Had it not been for your advice, I (fail) in the examination.

EXERCISE 02
두 문장의 뜻이 같도록 쓰시오.

1. An honest man would not deceive her.

   ⟼ If he _____, he would not deceive her.

2. Her good advice could have saved his life.

   ⟼ If she _____, it could have save his life.

3. What would you have done in my place?

   ⟼ What would you have done, if you _____?

4. I should be happy to accompany you.

   ⟼ I should be happy if I _____.

EXERCISE 03
다음을 if, wish, as if 등을 사용하여 바꾸어 쓰시오.

1. I am sorry Tom is not here now.

   ⟼ _____

2. He treated me like a baby.

⟼ _____

3. As we didn't go by car, we didn't arrive on time.

⟼ _____

4. As it is raining, I can't go shopping.

⟼ _____

EXERCISE 04
다음을 우리말로 해석하시오.

1. I wish I had more time.

2. You talk as if you knew everything.

3. A true friend would help you in this situation.

4. It is time we came to a conclusion.

5. If he had taken the doctor's advice, he might still be alive.

   =As we didn't take the doctor's advice, he is dead now.

6. If we had not missed the train, we would have been at the meeting on time.

15

특수구문(Inversion, Ellipsis, etc.)

① 도치: 강조하고자 하는 어구가 문장 첫머리에 올 때, 주어와 동사의 순서가 도치된다.

1. Here **comes the subway**.
2. **May** the King live long!
3. I'm happy.-So **am I**.
4. Never **did I dream** that I would be able to meet him.

【해석】 1. 버스가 이리로 온다.

2. 왕이 만수무강하기를.

3. 나는 행복해.-나도 그래.

4. 나는 그를 만날 수 있을 거라고는 꿈도 꾸지 못했다.

【해설】 1. 부사(구)가 강조되어 문장 앞에 오는 경우, 「부사(구)+동사+주어」의 어순이 된다.

2. 기원문

3. so, neither가 앞 문장의 내용을 받아서 문장 앞에 오는 경우, '~도 또한 그렇다 [그렇지 않다]라는 뜻으로, 앞 문장의 동사가 일반동사이면 「so/neither/nor+do [does/did]+S」이고 be 동사, 조동사이면 「so/neither/nor+be 동사/조동사+S」

4. 부정어나 부정을 의미하는 부사 강조. (never, not, no, hardly, scarcely, seldom, rarely 등)

EXERCISE 01

도치 구문을 바르게 고치시오.

1. Not a word she said all day long.

2. Under the bed a cat lay.

3. A: I can't remember her name. B: Neither I can.

2 강조

1. **It was** this ring **that** my boy friend gave me.
2. I **did try** to explain the situation, but nobody would listen.
3. I made it **myself**.
4. What **in the world** are you doing?
5. This is the **very** book I have been looking for.

【해석】 1. 내 남자 친구가 내게 준 것인 바로 이 반지다.
　　　　 2. 나는 상황을 설명하려고 정말 노력했지만 아무도 들어주지 않았다.
　　　　 3. 내가 직접 만든 거야.
　　　　 4. 도대체 무엇을 하고 있는 거야.
　　　　 5. 이것은 내가 찾던 바로 그 책이야.
【해설】 1. 「It is [was]~ that…」 강조 구문. '…한 것은 바로~이다.'
　　　　 2. 동사 강조 do [does/did]+동사원형
　　　　 3. 명사~oneself:~가 직접
　　　　 4. on earth, in the world는 강조의 부사구
　　　　 5. 강조의 very

③ 동격: 명사나 대명사의 의미를 보충하거나 바꾸어 말하기
위해 다른 명사, 혹은 명사 상당어구나 명사절을 뒤에 둔다.

1. I like **Susie, a friend of mine**.

2. The news that his wife had dies was a great shock to me.

【해석】 1. 나는 내 친구인 수지를 좋아한다.

　　　 2. 그의 아내가 죽었다는 소식은 나에게는 엄청난 충격이었다.

【해설】 1. 명사와 명사(구)가 동격

　　　 2. 동격절을 이끄는 주요 명사: news, fact, thought, idea, opinion 등

④ 삽입

1. There is little, **if any,** hope for his recovery.

2. He is, **as far as I know**, he is a reliable man.

【해석】 1. 그가 회복될 희망은 설사 있다고 해도 아주 조금 있을 뿐이다.

　　　 2. 그는 내가 아는 한 믿을 만한 사람이다.

【해설】 1. if any: 설사 있다 할지라도.

　　　 2. 부사절의 삽입.

⑤ 생략

1. No parking (is allowed here).

2. When (you are) angry, count to ten before you speak.

3. Susie became a teacher and her sister (became) a nurse.

4. She asked me to give her a ride home, but I didn't want to.

【해석】 1. 주차 금지.

2. 화가 날 때는 말하기 전에 십까지 세어라.

3. 수지는 교사가 되었고 그녀의 동생은 간호사가 되었다.

4. 그녀는 내게 집까지 태워다 달라고 했지만 나는 그러고 싶지 않았다.

【해설】 1. 관용적인 용법.

2. when, if, as while, though 등으로 시작되는 부사절에서 「주어 +be」의 생략.

3. 동사의 생략

4. love, hate, prefer, want, choose, would like 등의 동사 뒤에 오는 대부정사 to는 생략 불가능.

EXERCISE 02

다음 부분에서 생략된 부분을 쓰시오.

1. Don't talk while eating.

2. Study when you want to.

3. She is much better today than yesterday.

4. The sun rises in the morning and the moon at night.

EXERCISE 03

다음을 우리말로 해석하시오.

1. Blessed are the merciful.

2. Do come with us.

3. What on earth are you drinking?

4. To some life is pleasure; to others suffering.

5. He seldom, if ever, goes to church.

6. We live in Europe, the most beautiful continent in the world.

16

전치사(Preposition)

1. 전치사 뒤에 오는 말은 모두 목적격이 되어야 한다.
2. 전치사의 목적어(명사, 대명사 외에 명사 상당어구)와 함께 전치사구를 이루어 문장 내에서 형용사나 부사의 역할을 한다.

① 전치사의 역할과 목적어

1. This is a mail **from** John.

2. This tool is **of great use**.

3. He did so **on purpose**.

4. I am good **at swimming**.

5. I was surprised **at what they said**.

【해석】 1. 이것은 존에게서 온 메일이다.

2. 이 도구는 매우 유용하다.

3. 그는 고의적으로 그렇게 했다.

4. 나는 수영을 잘한다.

5. 나는 그들이 말한 것에 놀랐다.

【해설】 1. 한정적 용법: 명사를 뒤에서 수식

2. 서술적 용법: 주격보어 역할 of us=useful

3. 동사 수식

4. 형용사 수식

5. 명사절: 의문사, 관계사, 접속사 that 등이 이끄는 절

② 「때」를 나타내는 전치사

1. **at** six, **at** noon, **at** midnight, **on** Sunday, **on** June 25, **in** May, **in** spring, **in** 1950

2. I'll stay here **until** next week.

3. You must finish writing your report **by** tomorrow.

4. He has lived **in** Korea for 10 years.

5. I stayed in Hawaii **through** the summer.

6. He left **during** the lecture.

7. He works hard **from** morning **till** night.

8. She hasn't done anything **since** last night.

【해석】 1. 6시에, 정오에, 자정에, 일요일에, 6월 25일에, 5월에, 봄에, 1950년에

2. 다음 주까지 여기에 머무를 것이다.

3. 너는 리포트를 내일까지 끝내야 한다.

4. 그는 10년 동안 한국에 살고 있다.

5. 나는 여름 내내 하와이에 머물렀다.

6. 그는 그 강의 도중에 자리를 떴다.

7. 그는 아침부터 밤까지 열심히 일한다.

8. 그녀는 어젯밤 이후로 아무것도 하지 않았다.

【해설】 1. at: 시점, on: 특정한 날, 요일, in: 다소 긴 기간

2. 「동작, 상태의 지속」 ~까지 (계속)

3. 「동작, 상태의 완료 기한」 ~까지는

4. 「지속 기간」 ~동안 (계속)

5. 「특정 기간」의 시작부터 끝까지

6. ~동안(의 어느 때)에, 도중에

7. 「때, 순서 따위가 시작되는 때」 ~부터

8. 주로 「완료형」과 함께, ~이래 현재까지

③ 장소, 방향을 나타내는 전치사

1. She wore a coat **over** her blouse.

2. He was lying **under** the tree.

3. The sun rose **above** the horizon of the Atlantic.

4. I heard a voice from **below**.

5. She jumped **into** the water.

6. He came **out of** the room.

7. She went **across** the street.

8. The trees are planted **along** the street.

9. She lives in a house **beside** a mountain.

10. She sat **next to** him.

11. The Mediterranean is **between** Europe **and** Africa.

12. She is very popular **among** her classmates.

13. There is a large house **in front of** the mountain.

14. There is a cat **behind** the door.

【해석】 1. 그녀는 블라우스 위에 코트를 입고 있었다.

2. 그는 나무 아래에 누워 있는 중이었다.

3. 해는 수평선 위로 떠올랐다.

4. 아래쪽에서 목소리가 들렸다.

5. 그녀는 물속으로 뛰어들었다.

6. 그는 방에서 나왔다.

7. 그는 길을 건넜다.

8. 나무들이 길을 따라 심겨 있다.

9. 그녀는 산 옆에 있는 집에서 산다.

10. 그녀는 그 남자 옆에 앉았다.

11. 지중해는 유럽과 아프리카 사이에 있다.

12. 그녀는 학급에서 인기가 매우 좋다.

13. 산 앞에 큰 집에 있다.

14. 문 뒤에 고양이가 한 마리 있다.

【해설】 1. over: (떨어진)~의 위에(의); (접촉한)~의 바로 위에 덮어

2. under: (떨어진)~의 아래에; (접촉한)~의 바로 안(속)에

3. above:~보다 높은 곳에, (양, 수준 등이)~를 넘는

4. below:~보다 낮은 곳에, (양, 수준 등이)~의 아래의

5. into:「내부로의 운동, 방향」~안으로

6. out of: 「외부로의 운동, 방향」~의 밖으로

7. across:「한쪽에서 다른 한쪽으로」~를 가로질러

8. along:「길이나 강 등 길고 좁은 형태의」~를 따라

9. beside:~의 곁에

10. next to:「장소, 위치」~와 나란히,~옆에

11. between A and B: A와 B 사이

12. among: 셋 이상의 사물 / 사람이 명확히 구분이 될 때

13. in front of:~의 앞(정면)에

14. behind:~의 뒤에

EXERCISE 01

다음 괄호 안에서 알맞은 것을 고르시오.

1. You should be careful of (his, him).

2. She is fond of (watch, watching) TV.

3. Wild animals are in (danger, dangerous).

4. I'll see you (in, before) a week.

5. You must finish the work (until, by) next Monday.

6. It rained from Sunday (through, during) Monday.

7. A lamp is hanging (on, over) the table.

8. She put the phone (under, below) the desk.

9. keep (off, out of) the grass.

10. There was a large crowd (through, in front of) the station.

11. Do you know the distance (among, between) Seoul and Pusan?

12. The hot weather continued (at, through) the summer.

13. The product will be delivered (from, within) 5 hours.

14. The baby was crying (in, at) midnight.

15. She came to see me (at, on) urgent business.

EXERCISE 02

밑줄 친 전치사에 유의하여 우리말로 해석하시오.

1. What are you learning English <u>for</u>?

2. Is this the bus <u>for</u> Boston?

3. Her fingers were numb <u>with</u> cold.

4. We won the game <u>through</u> teamwork.

5. All of them went to the party <u>except for</u> me.

6. I'm tired <u>of</u> working.

7. He jumped <u>into</u> the water.

8. She took a key <u>out of</u> her pocket.

9. Skirts must be <u>below</u> the knee.

10. He has become popular <u>across</u> the world.

11. He was faithful <u>to</u> the end.

12. <u>To</u> her surprise, she arrived at the meeting on time.

13. She voted <u>against</u> tax increase.

14. I contacted him <u>by</u> e-mail.

15. I wrote an essay <u>on</u> English literature.

정답 및 해설

Chapter 01 문장의 구조

EXERCISE 01

【정답】 1. 부사절 2. 부사절 3. 명사절 4. 부사절

【해석】 1. 비가 심하게 와서 나는 집에 머물고 있다.

2. 준비가 되면 전화해라.

3. 나는 네가 틀리다고 생각해.

4. 공원에 도착했을 때 나는 흥분했다.

【해설】 1. 동사 stay에 대한 이유를 말하는 것으로 부사절이다.

2. 동사 call에 대한 설명이 되므로 부사절이다.

3. 동사 think의 목적어로서 명사절이다.

4. 형용사 excited에 대한 이유를 말하므로 부사절이다.

EXERCISE 02

【정답】 1. 명사구 2. 형용사구 3. 형용사구 4. 부사구

【해석】 1. 그는 다음에 무엇을 해야 할지를 몰랐다. 2. 불법으로 주차된 차는 견인될 것이다. 3. 그것은 쓸모가 없다. 4. 그녀는 함께 대화하기가 어렵다.

【해설】 1. <의문사+to 부정사구>가 동사 know의 목적어 2. 분사구가 앞의 명사를 수식 3. 전치사구가 주어의 상태를 보충 설명: 주격보어 4. to 부정사가 형용사 difficult를 수식

EXERCISE 03

【정답】1. 부사구 2. 형용사구 3. 명사구 4. 명사구

【해석】1. 그의 집은 언덕 위에 있다.

2. 책상 위에 있는 책은 나의 것이다.

3. 영어를 말하는 것은 쉽지 않다.

4. 나는 대학에 가고 싶다.

【해설】1. stand를 수식 2. books를 수식 3. 주어 역할 4. 목적어 역할

EXERCISE 04

【정답】1. 명사절　　2. 부사절

3. 명사절　　4. 부사절

5. 명사절　　6. 명사절

【해석】1. 나는 그가 정직하다고 생각한다.

2. 우리는 아침밥을 먹은 후에 이를 닦는다.

3. 그가 말한 것은 사실이다.

4. 더 열심히 일한다면 너는 성공할 것이다.

5. 나는 그가 올지 어쩔지를 모른다.

6. 중요한 것은 우리가 어떻게 사느냐이다.

【해설】1. 목적어를 나타내는 명사절 2. 때를 나타내는 부사절 3. 주어로 쓰인
명사절 4. 조건을 나타내는 부사절 5. 목적어를 나타내는 명사절

6. 보어를 나타내는 명사절

Chapter 02 문장의 기본 5형식

EXERCISE 01

【정답】 1. There <u>is</u> no <u>doubt</u> about it.
　　　　　　　 동사　　　주어

　　　　 2. <u>She</u> <u>waited</u> for an hour.
　　　　　 주어　동사

　　　　 3. Here <u>comes</u> <u>the bus</u>
　　　　　　　 동사　　주어

　　　　 4. <u>The medicine</u> will <u>work</u>.
　　　　　 주어　　　　　　 동사

【해석】 1. 그것에 대해 의심의 여지가 없다. 2. 그녀는 한 시간 동안 기다렸다.
　　　　 3. 버스가 오는군! 4. 약이 효과가 있을 것이다.

【해설】 1. there+be 동사+주어
　　　　 2. 주어+동사+부사구
　　　　 3. 부사 here로 문장이 시작되면 주어와 동사의 위치가 도치된다.
　　　　 4. work: 효과가 있다. 작동하다

EXERCISE 02

【정답】 1. upset 2. sour 3. silent 4. deep
【해석】 1. 그는 마음이 상한 것 같다. 2. 그것은 신맛이 난다.
　　　　 3. 그는 회의 중에 침묵했다. 4. 호수는 매우 깊다.

EXERCISE 03

【정답】 1. interesting 2. true 3. bad 4. different

【해석】 1. 너의 일은 재미있게 들린다.
2. 그의 꿈이 실현되었다.
3. 우유가 상했다.
4. 제인이 다르게 보인다.

【해설】 1. 감각을 나타나는 sound 동사의 보어로는 **형용사**를 쓴다.
2. come true 실현되다. come의 뜻이 '오다'가 아니라 형용사와 함께 '~되다'의 뜻이다. 3. went가 '갔다'의 뜻이 아니라 보어와 함께 (어떤 상태로)되다, 변하다(become, grow, turn)의 뜻이다. 4. look, seem, appear 등은 형용사가 보어로 온다. "…처럼 보이다"의 뜻으로 해석한다.

EXERCISE 04

【정답】 1. a new bag 2. the television 3. him 4. him
【해석】 1. 나는 새 가방을 샀다. 2. 그녀는 텔레비전을 켰다. 3. 우리는 그를 의지할 수 없다. 4. 우리는 지도자로서 그를 존경했다.

【해설】 1. S+V+O
2. S+<동사+부사>+O 목적어가 대명사인 경우 동사와 부사 사이에 위치함.(명사인 경우에는 부사 앞/뒤 모두 가능) She turned it on. turn on~을 켜다
3. rely on~를 의지하다
4. S+<동사+부사+전치사>+O. look up to~~를 존경하다

EXERCISE 05

【정답】 1. discuss 2. hope for 3. answer 4. enter
【해석】 1. 그 문제에 대해서 나중에 토론하자.

2. 나는 그의 건강과 행복을 바란다.

3. 그녀는 나의 편지에 결코 답을 하지 않았다.

4. 강도는 창문을 통해 그 집에 들어갔다.

【해설】 1. discuss는 뒤에 about을 쓰지 않는다.

2. hope 뒤에 명사가 올 때는 전치사를 빠뜨리지 않는다.

3. answer가 동사로 쓰일 때는 to를 쓰지 않는다. 그러나 명사로 쓰일 때는 to와 함께 「~에 대한 대답」으로 쓰인다.

4. enter가 「~(장소)로 들어가다」일 때는 into를 붙이지 않는다. 그러나 '토론에 들어가다'라고 할 때처럼 추상명사가 오면 'enter into the discussion'이라고 한다.

EXERCISE 06

【정답】 1. lent me the book 2. to my sister 3. for his wife

【해석】 1. 내 친구는 나에게 책을 빌려주었다.

2. 나는 내 여동생에게 많은 조언을 해주었다.

3. 그는 아내에게 비싼 반지를 사 주었다.

【해설】 1. 간접목적어 다음에 직접목적어가 온다.

2. give, tell, lend, show, pay, teach 등은 <to+간접목적어>로 전환할 수 있다.

3. buy make, find order, leave 등은 <for+간접목적어>로 전환할 수 있다.

EXERCISE 07

【정답】 1. to clean 2. to go 3. touching 4. to fix

【해석】 1. 그는 내가 청소하라고 명령했다. 2. 그는 아들이 외출하는 것을 허락하지 않았다. 3. 나는 무언가가 내 팔을 건드리는 것을 느꼈다. 4.

나는 그에게 그 차를 수리하라고 시키겠다.

【해설】 1.2. order, allow+목적어+<to 부정사> 3. 지각동사+목적어+원형, 현재분사 4. get, cause, allow 등의 동사는 사역의 뜻을 갖지만 목적격보어로 to 부정사를 취함.

Chapter 03 문장의 종류

EXERCISE 01

【정답】 1. won't he? 2. isn't she? 3. shall we?(Lets'~의 부가의문은 shall we?이다) 4. has she? 5. are you? 6. hasn't he? 7. will you(명령문의 부가의문문은 will you이다) 8. do you? 9. doesn't she? 10. will you?

EXERCISE 02

【정답】 1. How hot it is today!

　　　 2. Don't open the window.

　　　 3. This is a pretty flower.

　　　 4. Do you know what time it is?

　　　 5. Who do you think he is?

　　　 6. Do you know whether(if) Mr. Kim is at home?

　　　 7. Do you know where she spent last holiday?

EXERCISE 03

【정답】 1. It seems that he has come(혹은 came) to Korea from America.

　　　 2. It seemed that he had gone to the library.

3. The conductor came through the train in order that he
   could collect the tickets.

4. He got up early so that he could catch the train.

5. I happened to sit beside her.

【해석】 1. 그는 미국에서 한국에 온 것 같다.

2. 그녀가 도서관으로 간 것 같다.

3. 차장이 차표를 거두기 위해 왔다.

4. 기차를 잡으려고 일찍 일어났다.

5. 우연히 그 여자 옆에 앉았다.

Chapter 01 동사의 시제(Tense)

EXERCISE 01

【정답】 1. heard 2. don't 3. comes 4. have been expanding

5. will have moved 6. rang 7. has gone

8. is raining 9. had started 10. feel

【해석】 1. 나는 지난주에 그의 죽음의 소식을 들었다.

2. 서두르지 않는다면 우리는 학교에 지각할 것이다.

3. 그녀가 돌아오면 나는 그녀를 위해 파티를 열 것이다.

4. 2020년 이후부터 나는 나의 사업을 확충해오고 있다.

5. 그가 돌아올 즈음에는 나는 새집으로 이사했을 것이다.

6. 전화가 울렸을 때 그녀는 스파게티를 요리하는 중이었다.

7. 잭은 여기에 없다. 그는 유럽으로 가버렸다.

8. 지금 비가 오고 있기 때문에 나는 나가지 않는다.

9. 우리가 도착했을 때 콘서트는 시작되었다.

10. 시험이 끝나서 나는 매우 안심이 된다.

【해설】 1. 과거의 특정한 때를 나타내는 last, ago, yesterday 등은 과거시제와 쓰인다.

2.3. 때나 조건을 나타내는 부사절에서는 현재형을 사용하여 미래의 일을 표현한다. when, if가 명사절을 이끄는 경우에는 미래시제를 사용한다. Nobody knows if she will come back. 그녀가 돌아올지 안 올지는 아무도 모른다.

4. 현재완료의 계속적 용법: 과거에서 현재까지 계속된 동작이나 상태를 나타낸다.

5. 미래완료: 미래의 특정 시점까지 완료될 일을 나타낸다.

6. 과거진행형

7. 현재완료의 결과: 과거의 일이 현재에 영향을 미침. 그가 가버려서 현재 여기 없음.

8. 현재 진행 중인 일을 나타내는 현재진행형

9. 우리가 도착한 것이 과거(arrived)이고 콘서트는 그 이전에 시작되었으므로 과거완료를 써야 한다.

10. 감정, 생각, 소유, 감각 등을 나타내는 동사는 진행형으로 쓸 수 없다.

EXERCISE 02

【정답】 1. has been raining 2. will have done 3. had lost
4. was shining 5. did you see 6. came 7. is 8. began
9. went 10. comes

【해석】 1. 지난주 일요일 이후 비가 내리고 있다.

2. 네가 돌아올 즈음에 나는 내 일을 다 했을 것이다.

3. 내가 집에 돌아왔을 때 지갑을 잃어버린 것을 발견했다.

4. 그가 일어났을 때 하늘에서 태양이 빛나고 있었다.

5. 너는 그를 언제 보았니?

6. 어머니가 조금 전에 오셨다.

7. 내일 날씨가 맑으면 수영을 하러 갈 것이다.

8. 그는 이틀 전에 그 일을 시작했다.

9. 나는 작년에 런던에 두 번 갔다.

10. 나는 그가 돌아올 때까지 여기에서 그를 기다릴 것이다.

【해설】 1. rain→has been raining 2. do→will have done 「by the time~할 즈음에」는 미래완료와 쓰인다. 3. lost→had lost 과거 (found)보다 먼저 일어난 일이므로 과거완료를 써야 한다. 4. shines →was shining 주절 시제가 과거이므로 시제에 맞게 과거진행형. 5. have seen→did you see. 의문사 when과 현재완료는 함께 쓰이지 않는다. 6. comes→came. just now는 과거에, just는 현재완료에

쓰인다. 7. will be→is 조건절에서는 현재시재를 쓴다. 8. has begun→began. ago 부사는 과거시제와 쓰인다. 9. last year는 과거를 나타내는 부사구이므로 과거시제를 쓴다. 10. 때를 나타내는 부사절에서는 현재형을 쓴다.

EXERCISE 03

【정답】1. is reading 2. were listening 3. had met 4. goes
　　　5. saw 6. moves

【해석】1. 그는 지금 소설을 읽고 있는 중이다.
　　　2. 너는 음악을 듣고 있는 중이어서 벨소리를 듣지 못했다.
　　　3. 나는 즉시 그 소년을 알아보았다, 왜냐하면 그를 전에 만났기 때문이다.
　　　4. 그녀는 항상 밤 11시 전에 잠자리에 든다.
　　　5. 나는 어제 영화를 보았다.
　　　6. 지구는 태양 주위를 돈다.

【해설】1. 현재진행형 2. 과거진행형 3. recognized(과거시제)보다 앞선 시제이므로 과거완료를 쓴다. 4. 현재의 습관이므로 현재형을 쓴다. 5. yesterday는 과거를 나타내는 부사이므로 과거동사와 쓰인다. 6. 진리는 항상 현재형으로 쓴다.

EXERCISE 04

【정답】1. 나는 사무실에 도착해보니 존은 이미 가고 없었어.
　　　2. 나는 그 영화 이미 세 번이나 봤어.
　　　3. 다 잘 될 거야.
　　　4. 난 지갑을 잃어버렸어. (지금은 없음)
　　　5. 나는 지금 막 일을 끝냈어.
　　　6. 나는 전에 괌에 가본 적이 있어.

Chapter 02 조동사(Auxiliary Verb)

EXERCISE 01

【정답】 1. cannot have 2. must have been 3. might pass

4. may have

【해석】 1. 그녀가 혼자서 그 일을 했다는 것은 불가능하다.

2. 그녀의 결혼 소식을 듣고 네가 놀랐을 것이다.

3. 그녀는 시험에 합격하기 위해 열심히 공부했다.

4. 그는 최선을 다했을지도 모른다.

【해설】 1. cannot have+p.p. ~했을 리가 없다

2. must have+p.p. ~했음에 틀림없다(과거 사실에 대한 확실한 추측)

3. so that 주어+may(might) ~ : ~하도록

4. may have+p.p. 했을지도 모른다.

EXERCISE 02

【정답】 1. don't have to

2. must

3. used to

4. May

5. might

6. had better

【해석】 1. 너의 아버지는 곧 나을 것이다. 너는 그에 대해 걱정할 필요가 없다.

2. 이 상자를 열면 안 된다.

3. 내가 그녀를 좋아했었으나 지금은 아니다.

4. 이 전화를 사용해도 돼요? - 물론이오.

5. 비가 올 것같이 생각되었다.

6. 피곤해 보인다. 너는 지금 당장 집에 가는 것이 낫겠다.

EXERCISE 03

【정답】 1. would (습관) 2. should (놀라움, 불의) 3. would (바람)
4. ought (추측) 5. should (의무, 당연)

Chapter 03 수동태(Passive Voice)
EXERCISE 01

【정답】 1. Don't let it be forgotten.
2. A letter was being written by him.
3. A letter has been written by him.
4. His homework has been finished (by him).
5. It is believed to have been a mistake.
6. A box is being made by him.
7. I was made to feel better by this song.
8. Her son was seen to swim in the pool by her.
9. The disease can be cured by this medicine.
10. It is believed that he is smart.
   He is believed to be honest.

【해석】 1. 그것을 잊지 마. → 그것이 잊히지 않도록 해라.
2. 그는 편지를 쓰는 중이었다. → 편지가 그에 의해 쓰이고 있었다.
3. 그는 편지를 한 통 썼다. → 편지 한 통이 그에 의해서 쓰였다.
4. 그는 그의 숙제를 다 했다. → 그의 숙제는 그에 의해 마쳐졌다.
5. 우리는 그것이 실수라고 믿는다. → 그것은 실수였다고 믿어진다.
6. 그는 상자를 만드는 중이다. → 그에 의해서 상자가 만들어지고 있다.
7. 이 노래가 내 기분이 나아지게 만들었다. → 이 노래에 의해서 기분이
   나아졌다.

8. 그녀는 아들이 수영장에서 수영하는 것을 보았다. → 그녀의 아들이 수영장에서 수영하는 것이 그녀에게 보였다.

9. 이 약은 그 질병을 치료할 수 있다. → 질병은 이 약으로 치료될 수 있다.

10. 사람들은 그가 똑똑하다고 믿는다. → 그는 똑똑한 것으로 믿어진다.

【해설】 1. 명령문 수동태 2. 과거진행형 수동태 3.4. 완료형의 수동태 5. 복문의 수동태 6. 현재진행형의 수동태 7. 사역동사 중 make만 수동태로 쓰이며, 이때 목적격보어로 쓰인 원형부정사는 수동태 문장으로 쓸 때 to 부정사로 바뀐다.

8. 지각동사(see, hear, feel 등)의 목적격보어로 쓰인 원형부정사는 수동태 문장으로 쓸 때 현재분사나 to 부정사로 바뀐다. 9. 조동사가 있는 수동태: 조동사+be p.p.

10. 목적어가 that절인 문장의 수동태: <It+be 동사+p.p.+that~>의 형태로 쓴다.

EXERCISE 02

【정답】 1. bought 2. was stolen by 3. resembles 4. be told

【해석】 1. 나는 딸에게 생일선물로 가방을 사 주었다.

2. 내 가방이 길에서 소매치기에 의해 도둑맞았다.

3. 그녀는 많은 면에서 그녀의 엄마를 닮았다.

4. 진실이 드러나게 해라.

【해설】 1. 4형식 능동태 문장 2. my bag이 훔칠 수는 없다. 따라서 수동태 문장을 써야 한다. 3. 상태를 표현하는 동사는 일반적으로 수동태를 갖지 않는다. resemble 「닮다」 have 「가지다」 know 「알다」 belong to 「~에 속하다」

4. 명령문의 수동태: <let+목적어+be p.p.>

EXERCISE 03

【정답】 1. be forgotten 2. satisfied with 3. surprised at 4. laughed at by
      5. to smoke

【해석】 1. 내 충고를 잊지 않도록 해라. 2. 나는 내 삶에 만족한다.
      3. 나는 그의 태도에 놀랐다. 4. 그의 계획은 많은 사람들에 의해 비웃음
      을 받았다.
      5. 그가 담배 피우는 것이 결코 보인 적이 없다.

【해설】 1. 명령문의 수동태<Let+목적어+be p.p.> 2.3. 수동태의 행위자를
      나타낼 때 보통 by를 쓰는데, by 이외의 전치사를 쓰는 경우이다.
      be satisfied with~에 만족하다. be surprised at~에 놀라다
      4. 동사구를 포함한 수동태는 동사만 <be+p.p.>로 바꾸고 나머지 부분
      을 다 쓴다.
      laugh at~비웃다
      5. smoke→to smoke 또는 smoking 지각동사의 목적격보어로 쓰인
      원형부정사는 수동태 문장으로 쓸 때 현재분사나 to 부정사로 바뀐다.

Chapter 04 부정사(Infinitive)

EXERCISE 01

【정답】 1. 명사적 용법 (주어로서) 2. 형용사적 용법 3. 부사적 용법 (이유,
      판단의 근거) 4. 명사적 용법 (주어로서)
      5. 형용사적 용법 6. 형용사적 용법 (의무, 명령)
      7. 부사적 용법 (결과) 8. 명사적 용법 (가목적어-직목적어)
      9. 명사적 용법 (보어) 10. 부사적 용법 (목적)

【해석】 1. 과오는 인간이 하고, 용서는 신이 한다.

2. 그가 바로 이 일을 할 사람이다.

3. 그는 그렇게 좋은 아내를 두었으니 운 좋은 사람이다.

4. 자신을 아는 것은 어렵다.

5. 그는 결코 거짓말을 할 사람이 아니다.

6. 너는 곧 출발해야 한다.

7. 나의 어머니는 95세까지 사셨다.

8. 나는 이 책을 읽기가 쉽다는 것을 알았다.

9. 내 소원은 건강하게 사는 것이다.

10. 나는 그녀를 배웅하기 위해 공항에 갔다 왔다.

EXERCISE 02

【정답】 1. cannot but feel   2. to enter

3. smart enough   4. to help

5. to see   6. to call

7. to report   8. had better not go

9. live in   10. for→of

11. make→let   12. to enter→enter

13. go→to go   14. to not→not to

15. steal→stolen

【해석】 1. 나는 그의 실패를 측은하게 여기지 않을 수 없다.

2. 혼자서 방에 들어가도록 되었다.

3. 그녀는 그 문제를 해결할 만큼 똑똑하다.

4. 그는 아들에게 집안일을 하게 시켰다.

5. 나는 그를 일요일에 만나기를 기대한다.

6. 혹시 톰을 만나면 그더러 내게 전화 좀 해달라고 해.

7. 내가 한 일은 사고를 보고하는 것이었다.

8. 그녀는 혼자 가지 않는 것이 낫다.

9. 그들은 살 집을 찾고 있는 중이다.

10. 네가 택시에 핸드폰을 둔 것은 부주의한 것이었다.

11. 의사는 아직 일어서는 것을 허락하지 않을 것이다.

12. 나는 그가 교실에 들어가는 것을 보았다.

13. 그가 나가는 것이 나에게 보였다.

14. 나는 그에게 여기서 테니스를 치지 말라고 말했다.

15. 나는 지갑을 도둑맞았다.

【해설】 1. cannot but+원형~하지 않을 수 없다.

2. 사역동사가 수동태가 되면 to 부정사를 쓴다.

3. <enough to-v(~할 수 있을 만큼 충분히 …하다)>

4. <get+목적어+to-v>~을 시키다.

5. expect 다음에는 목적어로 to 부정사가 온다.

6. ask+사람+to 부정사

7. 보어를 나타내는 명사구

8. had better 다음에 동사원형

9. 수식받는 명사가 부정사구 안에 있는 전치사의 목적어가 되는 경우 전치사를 빼면 안 된다.

10. 사람의 성격을 나타내는 형용사 뒤에서는 <of+목적격>

11. 허가를 나타내는 let

12. 지각동사(felt)+목적어+원형부정사

13. 지각동사의 목적보어로 쓰인 원형부정사는 수동태로 되면 「to 부정사」를 쓴다.

14. 부정사의 부정은 부정사 바로 앞에 not 또는 never를 둔다.

15. have+물건+과거분사

EXERCISE 03

【정답】 1. He expected that he would succeed.

2. He expected that I would succeed.

3. It appears that you are angry.

4. It appeared that you were angry.

5. I hope that I will recover soon.

6. She seems to be honest.

7. She seemed to be honest.

8. She seemed to have been a beauty in her youth.

EXERCISE 04

【정답】 1. not to attend　2. to be

3. to have been learning　4. touch

5. to clean　6. check

7. for　8. of

9. for　10. to have been

【해석】 1. 그녀는 수업에 참석하지 않을 이유가 있다.

2. 나는 그가 미인이라고 생각한다.

3. 그들이 중국어를 배우고 있었던 것 같다.

4. 그녀는 무엇인가가 그녀의 어깨를 만지는 것을 느꼈다.

5. 나는 여동생에게 방 청소를 할 것을 부탁했다.

6. 나는 비서에게 이메일을 체크하도록 하겠다.

7. 당신이 그 회의에 참석하는 것이 필요하다.

8. 그를 믿다니 우리는 어리석었다.

9. 내가 먹을 수 있는 좋은 음식점을 소개해줄 수 있니?

10. 그녀는 젊었을 때 예뻤던 듯하다.

【해설】 1. to 부정사의 부정형은 바로 앞에 not을 둔다.

2. 술어동사와 <같은 때>이므로 단순부정사

3. 술어동사가 가리키는 때 <이전>을 나타내므로 완료부정사

4. 지각동사는 목적격보어로 원형부정사를 쓴다.

5. tell, ask, want, get, advise, allow, order의 동사는 <동사+목적어+to 부정사>의 형태로 목적어의 상태나 동작을 설명해준다.

6. 사역동사(let, have, make)는 목적격보어로 원형부정사를 쓴다.

7. 대부분의 경우 <for+목적격>으로 표시한다.

8. 사람에 대한 주관적 평가를 나타내는 kind, nice, rude, clever, silly 등의 형용사 뒤에서는 <of+목적격>으로 의미상의 주어를 나타낸다.

9. to 부정사의 의미상의 주어를 밝히기 위해 <for+목적격>

10. 술어동사 appears의 시제보다 앞서므로 <to have p.p.>를 쓴다.

EXERCISE 05

【정답】 1. 그녀는 옛 친구를 만나서 기뻐했다.

2. 그는 내일 오후 도착할 예정이다.

3. 너는 나와 함께 가야 한다.

4. 돈지갑은 아무 데서도 찾을 수가 없었다.

5. 내게 앉을 수 있는 의자를 주시오.

6. 어디로 가야 할지가 문제다.

7. 그런 사람들은 경멸보다 차라리 동정을 받아야 한다.

8. 그는 사귈 위인이 아니다.

9. 그는 그러한 실수를 하지 않겠다고 약속했다.

10. 그는 먹을 것이 없다.

【해설】 1. 부사적 용법(원인)

2. 3.4. to 부정사의 형용사적 용법 - 「be동사+to 부정사」. 2번은 예정, 3은 의무, 4는 가능

5. 형용사적 용법=Give me a chair **in which to sit**.

6. 「의문사+부정사」: 명사구를 만든다.

7. (=ought to)

8. =He is not a man **whom we can get on with.**

9. 부정사의 부정은 not, never 등과 같은 부사를 to 앞에 놓는다.

10. 형용사적 용법

Chapter 05 동명사(Gerund)

EXERCISE 01

【정답】 1. watching 2. writing 3. to go 4. never to smoke
5. being 6. my opening

【해설】 1. 2.6. 동명사만을 목적어로 취하는 동사: enjoy, finish, mind
3. to 부정사만을 목적어로 취하는 동사: want, hope, expect
4. 동명사의 부정은 동명사 앞에 not, never와 같은 부정어를 쓴다.
5. complain of~을 불평하다. 이 글의 주어는 He이지만 동명사의 의미상의 주어는 the room이다. 의미상의 주어가 명사인 경우는 대부분 목적격(the room)이 사용된다. 전치사 뒤는 동명사가 온다.
6. 동명사 opening의 의미상의 주어가 대명사인 경우는 소유격(my) 목적격(me) 어느 쪽도 무방하다.

EXERCISE 02

【정답】 1. inventing 2. talking 3. Being 4. choosing
5. fishing

【해설】 1. stop, avoid는 동명사를 목적어로 취함.
2. 동명사가 주어 역할을 한다.
3. 전치사 뒤에는 명사(동명사)가 온다.
4. 동명사 관용 구문 <go v-ing~> 하러 가다

EXERCISE 03

【정답】 1. to see→seeing 2. do→doing 3. to send→sending 4. he→his
5. take→taking 6. be→being 7. to enjoy→from enjoying
8. to have→on having

【해설】 1. 과거에 한 일이므로 2. be used to~ing~에 익숙하다 3. finish
는 동명사를 목적어로 취하는 동사이다. 4. 동명사의 의미상의 주어
는 소유격으로 나타낸다.
5. 동명사가 주어로 쓰인다. 6. 전치사 다음에 동사를 쓸 때에는 동명사
를 쓴다.
7. prevent(keep, stop)+목적어+from~ing (누구에게~을 못 하게
하다)
8. insist on~ing~를 주장하다

EXERCISE 04

【정답】 1. He regretted that he had been idle in his youth.
2. I regret not having taken your advice.
3. He denied that he had failed in the business.
4. I admit having done wrong.
5. I remember having seen the movie a long time ago.
6. his passing the examination.
7. his being ill in bed.
8. his son being a doctor.
9. his studying abroad.
10. Jane having broken

【해석】 1. 그는 젊은 시절에 게을렀던 것을 후회했다.
2. 당신의 충고를 받아들이지 않았던 것을 후회하고 있다.
3. 그는 사업에 실패했음을 부인했다.

4. 나는 내가 잘못했다는 것을 인정한다.

5. 오래전에 그 영화를 본 기억이 난다.

6. 나는 그가 시험에 합격할 것을 확신한다.

7. 그가 아파 누워 있는 것에 대해 의심의 여지가 없다.

8. 그는 아들이 의사인 것에 대해 자랑스러워한다.

9. 그녀는 그가 유학할 것을 주장했다.

10. 제인이 남자 친구랑 헤어진 것에 대해 안됐다.

【해설】1.-5.: 동명사가 나타내는 때가 술어동사의 시제와 같거나 미래일 때는 <v-ing>를 쓰고, 동명사가 나타내는 때가 술어동사의 시제보다 앞설 때는 <having p.p.>를 쓴다.

6.-10.: 동명사의 의미상의 주어에 유의하여 절을 구로 바꾸는 문제. 요령은 of 다음에 인칭대명사(또는 명사)의 소유격이나 목적격을 쓰고 동사를 동명사로 함.

Chapter 06 분사(Participle)

EXERCISE 01

【정답】 1. Dressed in red, Catherine came to the party.

2. Tired with work, we took a rest.

3. Left to herself, she would feel lonely.

4. Prepared well for the exam, he received the highest score in his class.

5. Asked to the babe-sitting by Mrs. Lee, Mary decided to cancel her appointment with Paul.

【해석】 1. 붉은 옷을 입고 캐더린은 파티에 왔다. 2. 일에 지쳐서 우리는 휴식을 취했다. 3. 혼자 있으면 그녀는 외로운 느낌이 들 것이다. 4. 시험 준비를 잘 했기 때문에 그는 학급에서 가장 높은 점수를 받았다.

5. 이 여사에게서 아기를 보아 달라는 부탁을 받아서 메리는 폴과의 약속을 취소하기로 결정했다.

【해설】 과거분사로 시작된 분사 구문. 주어가 같으므로 「주어+be 동사」를 생략하고 분사로 문장을 시작한다. Catherine was dressed in red에서 Catherine과 was를 생략하고 Dressed, she came to the party와 같이 뒤 문장을 뒤에 연결하면 된다.

EXERCISE 02

【정답】 1. done 2. rolling 3. invited 4. waiting
5. excited 6. exciting 7. barking 8. hidden
9. escaped 10. belonging

【해석】 1. 어중간하게 행해진 일은 결코 제대로 행해지지 않는다.
2. 구르는 돌은 이끼가 끼지 않는다.
3. 초대받은 사람들 중에서 불과 몇 사람만 파티에 왔다.
4. 너를 오랫동안 기다리게 해서 미안해.
5. 나는 그녀를 만나니 흥분된다.
6. 그것은 흥미 있는 게임이다.
7. 나는 짓는 개를 싫어한다.
8. 우리는 약간의 숨겨진 보물을 찾았다.
9. 경찰은 탈옥한 죄수를 체포했다.
10. 제인의 가방은 어느 것이니?

【해설】 1. ~하여진 <수동>의 뜻이 자연스러우므로 과거분사
2. ~하고 있는~하는<능동, 진행>의 뜻이 자연스러우므로 현재분사
3. '초대된'이라는 수동의 뜻이므로 과거분사
4. '기다리게 하다'라는 진행의 뜻이 있으므로 현재분사
5. 현재분사는 기분, 감정을 유발하는 사람과 사물을 나타내고 과거분사는 기분, 감정을 느끼는 사람을 나타낸다. 감정을 느끼는 사람이므로 과거분사이다.

6. 감정을 유발하는 사물이므로 현재분사

7. ~하고 있는 <능동, 진행>의 뜻이므로 현재분사

8. 숨겨진 <수동>의 의미이므로 과거분사

9. '~한' <동작이 완료된 상태, 결과>의 뜻이 자연스러우므로 과거분사

10. 속 '하는' <능동>의 뜻이 자연스러우므로 현재분사

EXERCISE 03

【정답】 1. Being ill, he stayed at home.

2. There being a heavy snowfall, the train was delayed.

3. Judging from the report, the damage is great.

4. Living in the country, I rarely had visitors.

5. Tired out, he went out to work.

6. Night coming on, we left for home.

7. She remained silent, not knowing what to do.

8. Having failed three times, he didn't want to try again.

9. (Having been) badly injured in the accident, he cannot walk.

10. (Being) driven carefully, the can run for 20 miles.

【해석】 1. 아파서 그는 집에 머물렀다.

2. 심한 강설로 기차가 연착됐다.

3. 보고서로 판단해보니 피해가 심하다.

4. 시골에 살기 때문에 나는 찾아오는 사람이 거의 없었다.

5. 피곤했지만 그는 일을 하러 나갔다.

6. 밤이 다가올 때 우리는 집을 향해 떠났다.

7. 그녀는 어찌할 바를 몰라서 침묵을 지키고 있었다.

8. 그는 세 번이나 실패했기 때문에 다시 도전하고 싶지 않았다.

9. 그는 사고로 심하게 다쳐서 걷지 못했다.

10. 조심해서 몰면 그 차는 20마일을 갈 수 있다.

【해설】 1. 단순 분사구문. as(since, because)+S+V, 진행형으로 쓸 수 없는 동사 be, have, wish, know 등으로 이루어진 분사구문은 주로 원인이나 이유를 나타냄. 2. 형식주어 there가 있는 분사구문. <There+be> 구문을 분사구문으로 쓸 때는 There를 being 앞에 쓴다. 3. 분사구문의 의미상 주어가 we, they, people 등과 같이 일반인을 가리킬 때는 의미상 주어를 생략하는 비인칭 독립분사 구문. 4. since는 이유를 나타내는 접속사 5. being이 생략됨 6. 분사구문의 의미상 주어가 주절의 주어와 다른 독립분사 구문. 분사구문의 주어가 주절의 주어와 다를 때는 의미상 주어를 분사 앞에 쓴다.

7. 분사구문의 부정은 분사 바로 앞에 not이나 never를 붙임.
8. 주절의 시제보다 앞선 시제를 나타내므로 완료형 분사구문
9. 부사절이 수동태이고 주절보다 앞선 시제를 나타내므로 수동형 완료형 분사구문(having been v-ed)을 써야 하며, 이때 having been은 생략 가능
10. 부절이 수동태이고 주절의 시제와 같으므로 수동형 분사구문(being v-ed)을 쓰고 이때 being은 생략 가능

EXERCISE 04

【정답】 1. While she lay in bed, she talked to her mother on the phone.
2. If you turn to the left, you will see a drugstore.
3. Since she did not know the way, she soon got lost.
4. As I had never met him in person, I was surprised to see him at the door.
5. As I was Born and brought up in America, I speak English fluently.

6. As the dog barked at me, I ran away.

7. As she was worn out, she could not sleep.

8. When she saw me approach, she came down at once.

9. As I lost my purse, I cannot buy it.

10. After I had finished my task, I went out for a walk.

【해석】 1. 그녀는 침대에 누워 있으면서 그녀의 어머니와 전화 통화를 했다.

2. 왼쪽으로 돌면 약국이 보인다.

3. 길을 몰라서 그녀는 곧 길을 잃어버렸다.

4. 그를 직접 만나본 적이 없기 때문에 나는 그를 문 앞에서 보고 놀랐다.

5. 나는 미국에서 태어나고 자랐기 때문에 영어를 유창하게 한다.

6. 개가 나를 보고 짖어서 나는 도망쳤다.

7. 너무 지쳐서 그녀는 잠을 잘 수가 없었다.

8. 그녀는 내가 다가오는 것을 보았을 때, 즉시 내려왔다.

9. 나는 지갑을 잃어버렸기 때문에 그것을 살 수 없다.

10. 나의 과제를 끝낸 후에 나는 산책을 하러 나갔다.

【해설】 1. 단순 분사구문이므로 주절의 동사가 과거이므로 부사절의 동사도 과거동사(lie-lay-lain)를 사용하고 주어도 일치. 2. 조건의 단순 분사구문. 3. 분사구문의 부정이므로 부정문을 만들어야 한다. 4. having v-ed 형태는 주절의 시제보다 앞선 때를 나타낸다. 5. having been born and brought up은 주절의 시제보다 앞서고 수동태. 6. 분사의 의미상의 주어와 주절의 주어가 일치하지 않으므로 절을 만들 때 주절과 부사절의 주어가 다르다.

7. 분사구문의 수동태.

8. 단순 분사구문에서 주절의 시제와 일치한다. 주절의 시제가 과거이므로 종속절의 시제가 과거이다.

9. 완료형 분사구문은 주절의 동사 시제보다 앞선다. 주절의 시제가 현재이므로 종속절의 시제는 과거이다.

10. 완료형 분사구문은 주절의 동사 시제보다 앞선다. 주절의 시제가 과
거이므로 종속절의 시제는 과거완료이다.

EXERCISE 05

【정답】 1. crying 2. written 3. surprising 4. surprised 5. crossed
【해석】 1. 그녀는 내내 울면서 그녀의 방에서 혼자 앉아 있었다.
2. 400년 전에 쓰인 그 희곡들이 아직도 인기가 있다.
3. 그 소식은 그녀에게는 놀라운 것이었다.
4. 엄마는 그 소식에 놀랐다.
5. 그는 다리를 꼰 채 마루에 앉았다.

EXERCISE 06

【정답】 1. 노란 모자를 쓰고 있는 소녀는 누구이니?
2. 너 혹시 톰이라고 불리는 소년을 아니?
3. 너는 1시에 떠나는 버스를 타야 한다.
4. 네 말을 인정은 하지만 너의 제안에 찬성할 수는 없다.
5. 그는 장래를 생각하면서 자지 않고 오랫동안 누워 있었다.
6. 그의 어조로 판단하건대 그는 영국인임에 틀림없다.
7. 선생님께 칭찬을 받았으므로 그녀는 매우 기뻤다.
8. 날씨가 맑아서 우리는 산책을 갔다.
9. 눈에 안대를 해서 나는 글씨를 정확히 쓸 수 없었다.
10. 나는 그에게서 연락을 받지 못해서 다시 전화를 했다.

Chapter 07 일치와 화법(Agreement & Narration)

EXERCISE 01

【정답】 1. wins 2. are 3. is 4. is 5. goes 6. is 7. am
8. are 9. is 10. would 11. had left 12. boils 13. likes
14. are 15. runs

【해석】 1. 느려도 천천히 하면 이긴다.

2. 학생들 중 나머지는 도서관에서 공부 중이다.

3. 각 학생들은 배낭을 지고 있다.

4. 물리학은 내가 좋아하는 과목이다.

5. 우리뿐만 아니라 그도 일요일에는 교회에 간다.

6. 아침을 먹는 것은 너의 건강에 중요하다.

7. 나의 언니도 나도 부자가 아니다.

8. 집 없는 사람들은 도움이 필요한 사람들이다.

9. 검고 흰 얼룩 개 한 마리가 이리로 뛰어오고 있다.

10. 그는 5년 후에는 성공할 것이라고 말했다.

11. 나는 버스에 지갑을 두고 온 것을 알았다.

12. 우리는 물이 100도에서 끓는다는 것을 배웠다.

13. 학급의 모든 소녀들이 그를 좋아한다.

14. 테이블에 있는 귀걸이는 그녀의 것이다.

15. 청중은 거의 5,000명에 달한다.

【해설】 1. slow and steady를 하나의 단위로 생각해서 단수 취급

2. 분수는 뒤의 것과 일치

3. each는 단수 취급

4. 학문, 학과명이나 병명은 -s로 끝나도 단수 취급한다.

5. A as well as B일 때는 A에 일치한다.

6. 동명사구가 주어일 때는 단수 취급

7. neither A nor B B에 일치한다.

8. 「the+형용사」는 '~한 사람들'이라는 뜻으로 복수 취급한다.

9. 관사가 한 곳에만 있으므로 한 마리로서 단수 취급

10. 주절이 과거이므로 종속절에는 과거 또는 과거완료시제가 쓰인다.

11. 과거시제보다 앞선 시제인 과거완료를 써야 자연스럽다.

12. 일반적 진리일 때는 시제 일치에 대한 예외로서 현재시제를 쓴다.

13. every는 단수 취급

14. earings는 복수 취급

15. audience는 집합체로 생각할 때 단수 취급

EXERCISE 02

【정답】1. was busy 2. would be busy 3. had been busy 4. had been busy

【해석】1. 나는 그가 바쁘다고 생각한다→생각했다. 2. 나는 그가 바쁠 것이라고 생각한다→생각했다. 3. 나는 그가 바빴다는 것을 알고 있다→알고 있었다.

4. 나는 그가 이전부터 계속 바빴다는 것을 알고 있다→알고 있었다.

【해설】시제일치 원칙: 주절의 시제가 과거인 경우 종속절의 시제는 주로 다음과 같이 변한다. 1. 현재시제→과거시제 2. 조동사의 현재형→과거형 3. 과거시제→과거완료형 4. 현재완료형→과거완료형

EXERCISE 03

【정답】1. rises 2. makes 3. gets up 4. broke out

【해석】1. 나는 해가 동쪽에서 뜨는 것을 배웠다.

2. 내 동생은 1+2가 3이 되는 것을 이해하지 못했다.

3. 그는 매일 아침 6시에 일어난다고 말했다.

4. 우리는 한국전쟁이 1950년에 일어났다는 것을 들었다.

【해설】1. 종속절이 과학적 사실 등을 나타낼 때는 주절의 시제와 관계없이 종속절에 현재시제를 쓴다.

2. 주절이 과거시제라도 일반적 진리일 때는 주절의 시제와 관계없이 종속절에 현재시제를 쓴다.

3. 종속절이 습관일 때는 현재시제를 쓴다.

4. 종속절이 역사적 사실을 나타낼 때는 주절의 시제에 관계없이 종속절에 과거시제를 쓴다.

EXERCISE 04

【정답】 1. He told me that he could help me.

2. He told me that he would go there the next day.

3. She told him that she had been very busy until then.

4. She asked me if I had ever been abroad.

5. He asked me if I had gone to the park the previous night.

6. He asked me what was the matter with her.

7. He told me to start at once.

8. My sister suggested (to me) that we (should) go to the zoo.

9. He exclaimed how exciting the game was.=He exclaimed that the game was very exciting.

10. He told me that he had no money with him then, and asked me to lend him some money until the following day.

Chapter 08 접속사(Conjunction)

EXERCISE 01

【정답】 1. ① 명사절 ② 조건의 부사절

2. ① 명사절 ② 양보의 부사절

3. ① 명사절 ② 형용사절 ③ 장소의 부사절

4. ① 명사절 ② 양보의 부사절

【해석】 1. ① 네가 올지 안 올지를 우리에게 알려줘.

② 그가 오지 않는다면 나는 파티를 취소할 거야.

2. ① 그가 수영을 할 수 있는지 아닌지를 나는 모른다.

② 그가 수영을 할 수 있든지 그렇지 않든지, 그를 수영장에 데려가자.

3. ① 그가 어디에 사는지를 내게 말해줘.

② 이것은 그가 사는 오두막집이다.

③ 그는 그가 사는 곳에서 행복하다.

4. ① 그렇게 말하는 사람은 누구든지 거짓말쟁이다.

② 누가 그렇게 말하든지, 나는 그것을 믿지 않는다.

EXERCISE 02

【정답】 1. until 2. or 3. the moment 4. while 5. No sooner

【해석】 1. 꽃이 필 때까지 계속해서 물을 줘라.

2. 너는 커피와 차 중 어느 것을 더 좋아하니?

3. 네가 이 메시지를 받는 순간에 내게 전화를 해라.

4. 나는 시험 결과를 기다리고 있는 동안에 매우 긴장했다.

5. 그는 서울에 도착하자마자, 병이 났다.

【해설】 1. (계속의 의미인) until

2. or: 선택

3. the moment: ~하는 순간

4. while: ~하는 동안에

5. 주어와 동사가 도치된 형태로 문장 첫머리에 부정어가 나와야 하므로
no sooner~than…(~하자마자 …하다)

EXERCISE 03

【정답】 1. 그는 종종 거짓말을 하기 때문에 나는 그를 좋아하지 않는다.

2. 그들이 가난하다는 이유만으로 멸시하지 마라.

3. 그녀는 너무 흥분해서 잠을 잘 수 없었다.

4. 우리가 이해할 수 있게 조금만 더 천천히 말씀해주세요.

5. 그를 마주치지 않도록 나는 집을 나서지 않았다.

6. 그 영화는 재미있을 뿐만 아니라 교육적이기도 하다.

7. 길을 잃을 것을 대비해 지도를 챙겼다.

8. 문제를 일으키지 않는 한 너는 여기에 머물러도 좋다.

9. 네가 그것을 말하니까 기억이 난다.

10. 뿌린 대로 거둘 것이다.

【해설】 1. as: ~때문에

2. just because

3. so⋯ that~

4. so (that)+S+can, may, will+동사원형: S가~하도록, ~하기 위하여

5. for fear (that) S+would(will/might/may)+동사원형: S가~하지 않도록

6. B as well as A=not only A but (also) B: A뿐만 아니라 B도

7. in case: ~할 경우에 대비하여

8. as long as: ~하는 한, ~한다면

9. now that: ~이니까

10. just as~ (so)~인 것과 (꼭)마찬가지로, so 뒤의 주어와 동사는 도치된다. so는 생략 가능하면 이 경우 도치하지 않는다.

EXERCISE 04

【정답】 1. Now 2. can 3. should 4. or 5. so 6. before 7. or 8. well 9. since 10. as 11. such 12. long

【해석】 1. 그가 가버렸기 때문에 아무도 우리를 돌보지 않을 것이다.

2. 좋은 좌석을 잡기 위해 우리는 일찍 극장에 갈 것이다.

3. 나는 잊지 않도록 적어두었다.

4. 그가 오든 오지 않든 결과는 같을 것이다.

5. 그녀는 너무 피곤해서 한 발자국도 더 갈 수 없었다.

6. 곧 봄이 올 것이다.

7. 비가 오든 해가 뜨든 나는 그녀를 보러 갈 것이다.

8. 그는 지식뿐만 아니라 경험을 가지고 있다.

9. 그가 이 마을에 온 지 3년이 흘렀다.

10. 그는 어릴지라도 조심성이 매우 많다.

11. 그녀는 매우 아름다운 목소리로 노래를 불러서 참석한 모든 사람들을 매혹시켰다.

12. 조용히 있는 한 너는 여기 있어도 좋다.

Chapter 09 명사와 관사(Noun & Article)

EXERCISE 01

【정답】 1. 생선, 고기 한 마리 2. 미, 미인
　　　 3. 인생, 전기 4. 공간, 방

EXERCISE 02

【정답】 1. glass 2. pair 3. slices, cup 4. bottles 5. cakes

EXERCISE 03

【정답】 1. roses, glasses, peaches, brushes
　　　 2. flies, cities, monkeys, leaves boxes, data
　　　 3. handkerchiefs, mice
　　　 4. Chinese, lookers-on, menservants

EXERCISE 04

【정답】 1. niece 2. queen 3. nun 4. female

5. heroine 6. hostess 7. stewardess 8. actress

9. goddess 10. waitress 11. tigress 12. princess

EXERCISE 05

【정답】 1. by the hand

2. play the piano

3. elected mayor

4. from morning till night

5. the largest

6. in the morning

7. such→so

8. A woman→Woman

9. by the plane→by plane

10. is→are

11. All the students

12. by the pound

13. met a friend of hers

14. The legs of the desk

15. uncle's

16. two miles' distance

17. Show me that dress of your mother's.

18. John's and Jane's

EXERCISE 06

【정답】 1. The book is interesting.

2. The sun, in the east, in the west

3. The students

4. a beautiful, such a

5. A dog=The dog

6. go to the bed→go to bed

7. plays the tennis→plays tennis

8. the National Museum

9. the captain→captain

10. a teacher→teacher

Chapter 10 대명사(Pronoun)

EXERCISE 01

【정답】 1. are 2. is 3. is 4. gives 5. has

【해석】 1. 그들은 모두 단일 지역에 집중되어 있다.

2. 그들 중 어느 것도 생겨난 곳 외에서 쓰이지 않는다.

3. 그 책들 중 어느 것이라도 네게 적당하다.

4. 모든 선생님들이 매주 시험을 치게 하신다.

5. 모든 문제는 네 개의 선택지를 가지고 있다.

EXERCISE 02

【정답】 1. ① 학생들 중 아무도 그의 이야기를 믿지 않았다.

② 학생들 모두가 그의 이야기를 믿은 것은 아니었다.

2. ① 그는 모든 수업에 출석한 것은 아니다.

② 그는 어떤 수업에도 출석하지 않았다.

EXERCISE 03

【정답】 1. one 2. one, it 3. ones 4. that 5. that, those

【해석】 1. 이 모자는 너무 큰데요. 좀 더 작은 걸 보여주십시오.

2. 내 차는 아주 낡았습니다. 10년 전에 산 것이거든요.

3. 사과 2파운드를 주십시오. 저 붉은 것들로요.

4. 한국의 인구는 캐나다의 인구보다 많다.

5. 옷차림은 신사의 것을 하고 있으나, 그의 말과 태도는 무례하다.

【해설】 1. 앞서 언급된 불특정한 명사를 가리킨다. 셀 수 있는 명사만 대신한다.

2. 앞에 언급된 것으로서 불특정한 명사이므로 one, 즉 a+명사이다. 앞서 언급한 명사를 가리킬 때는 it, 즉 the+명사이다.

3. 앞서 언급된 명사의 복수형으로서 수식어구가 있는 경우에는 ones를 사용한다.

4. 앞에 나온 명사의 반복을 피하기 위한 that

5. 앞에 나온 명사인 dress의 반복을 피하기 위한 that. (speech and manner)는 복수 형태이므로 those

EXERCISE 04

【정답】 1. those 2. so 3. one 4. the other 5. the one 6. another 7. it 8. either

【해설】 1. 앞에서 나온 명사의 반복을 피하기 위해 지시대명사로서 manners 가 복수이므로 those를 사용

2. 절의 반복을 피하기 위해 사용. I hope the weather will be fine을 줄여서 한 말

3. a+형용사+앞에 나온 명사를 대신하는 one

4. 둘 중 하나와 나머지 다른 하나

5. the one 「전자」, the other 「후자」

6. 2주일이 다시 또 지나면

7. 비인칭 it. 「시간, 거리, 날씨, 온도, 계절, 명암」 등을 나타내는 문장의 주어로 사용한다.

8. 「둘 중 어느 것이든」의 뜻

Chapter 11 관계사(Relatives)

EXERCISE 01

【정답】 1. I have a blouse whose color is yellow.

2. That's the teacher whose picture was in the newspaper.

3. I'm looking for a book whose title is *The treasure Island*.

【해석】 1. 나는 노란색인 블라우스를 가지고 있다.

2. 저 사람은 그의 그림이 신문에 난 선생님이다.

3. 나는 책의 제목이 보물섬인 책을 찾고 있다.

EXERCISE 02

【정답】 1. We visited the village noted for its cherry blossoms.

2. He spoke to the girl from New York.

3. Did you read the book I gave you?

4. The chair I was sitting on was hard.

【해석】 1. 우리는 벚꽃으로 알려진 마을을 방문했다.

2. 그는 뉴욕에서 온 소녀와 이야기를 했다.

3. 내가 준 책을 읽었니?

4. 내가 앉아 있던 의자는 딱딱했다.

EXERCISE 03

【정답】1. in which 2. whom 3. of which 4. in which
     5. which 6. whose 7. whom(that) 8. what

EXERCISE 04

【정답】1. This is the river where we used to swim.
     2. That's the building where they had a meeting.
     3. Everyone knows the reason why he met his teacher.

EXERCISE 05

【정답】1. I went downtown with my sister, and there she bought a
        doll.
     2. I was about to go out, and then he came to see me.
     3. We drove along Orange Avenue, and there most of the
        foreign embassies in Washington are located.
     4. Tom visited his uncle's, and there he met a famous poet.
     5. I called on her at noon, and then she was playing the
        piano.
【해석】1. 나는 누이동생과 함께 시내로 갔다. 그곳에서 그녀는 인형 하나를 샀다.
     2. 막 외출하려는데 그가 나를 보러 왔다. 3. 우리는 오렌지가로 차를 몰
        았는데, 그곳에는 워싱턴에 있는 대부분의 외국 대사관이 자리 잡고
        있다. 4. 톰은 아저씨를 방문했는데 그곳에서 그는 유명한 시인을 만
        났다. 5. 정오에 그녀를 방문했는데 그때 피아노를 치고 있었다.
【해설】관계부사의 계속적 용법 익히기
     where, when을 「접속사(and, but, for 등)+부사(there, then)」로
     고쳐 다시 쓴다.

EXERCISE 06

【정답】 1. whoever comes first

2. whichever you like

3. Whatever has a beginning

4. wherever you like

5. However hard I try

6. whenever she's free

Chapter 12 형용사와 부사(Adjective & Adverb)

EXERCISE 01

【정답】 1. a few 2. any 3. a little 4. Few 5. anything interesting

6. much 7. a lot of 8. three big red 9. The strong 10. warm

【해석】 1. 몇 분 후에 돌아올 것이다.

2. 나는 너로부터 아무런 이메일을 받지 않았어.

3. 지금 돈을 조금 가지고 있다.

4. 그 소문에 대한 진실을 거의 사람들이 모른다.

5. 책에서 재미있는 것을 발견했니?

6. 왜 그렇게 커피를 많이 마시니?

7. 그녀는 많은 선물을 받았다.

8. 세 개의 크고 빨간 사과가 있다.

9. 강자들은 약자들을 도와야 한다.

10. 한 잔의 따뜻한 커피는 나를 따뜻하게 만들었다.

【해설】 1. 셀 수 있는 명사 앞에 a few 2. 부정문에 any 3. money는 셀 수 없는

명사이므로 a little 4. 셀 수 있는 명사이므로 「거의 없는」 뜻의 few

5. -thing을 수식할 경우는 뒤에 둔다.

6. coffee는 셀 수 없는 명사이므로 much

7. gifts는 셀 수 있는 명사이고 a lot of는 many, much, 둘 다의 의미로 사용 가능 8. 수량+대소+성상 형용사 순 9. the+형용사 「~하는 사람들」 10. 형용사가 목적보어로 쓰임.

EXERCISE 02

【정답】 1. Few 2. a few 3. a little 4. little

EXERCISE 03

【정답】 1. yet 2. ago 3. much 4. very 5. high 6. hardly
【해석】 1. 나는 아들로부터 아직 소식을 듣지 못했다.
    2. 그녀는 며칠 전에 집에 도착했다.
    3. 그는 나보다 훨씬 늙었다.
    4. 그것은 매우 흥미 있는 이야기이다.
    5. 손을 높이 드세요.
    6. 그는 좀처럼 일하지 않는다.
【해설】 1. 부정문에 yet 2. 과거시제 3. 비교급은 much가 수식
    4. very는 원급, 현재분사를 수식. much는 비교급, 최상급, 과거분사를 수식. 그러나 형용사화한 과거분사(satisfied, pleased, tired, delighted 등)는 very로 수식
    5. high는 형용사로는 '높은', 부사로 '높이'의 뜻이 있다. 6. hardly는 '거의~하지 않는'의 뜻의 부사

EXERCISE 04

【정답】 1. lately 2. eight years ago 3. much loved 4. has hardly been 5. Take it off 6. a lonely life
【해석】 1. 나는 최근에 그녀를 보지 못했다.

2. 그는 8년 전에 유럽을 방문했다.

3. 그는 학생들에 의해 매우 사랑을 받는다.

4. 제인은 좀처럼 학교에 늦지 않는다.

5. 이 모자는 너에게 어울리지 않는다. 그것을 벗어라.

6. 그들은 시골에서의 외로운 생활을 좋아한다.

【해설】 최근에 lately 2. 과거시제 ago 3. 과거분사를 수식은 much 4. 부사는 be 동사나 조동사 뒤에 위치. 5. <타동사+부사>로 된 동사구의 목적어가 대명사인 경우 부사는 반드시 목적어 뒤에 위치한다. 6. alone 은 앞에서 뒤 단어를 수식하지 않는다.

Chapter 13 비교 구문(Comparison)

EXERCISE 01

【정답】 1. more 2. hotter 3. most famous 4. more careful
5. the taller 6. by far

【해석】 1. 그녀는 나보다 더 많은 돈을 번다.

2. 매일 날씨가 더워지고 있다.

3. 그녀는 한국에서 가장 유명한 가수 중의 한 사람이다.

4. 네가 더 조심했어야 했는데.

5. 제인은 둘 중에서 더 키가 크다.

6. 경주는 한국에서 가장 인기 있는 관광지이다.

【해설】 1. much의 비교급 2. <단모음+단자음>으로 끝나는 단어: 자음을 한 번 더 쓰고+-er 3.4. 3음절 이상의 단어 앞에+more, most

5. of the two가 있을 때는 비교급에도 the를 쓴다. 6. 최상급을 강조할 때는 much, by far, the very 등을 최상급 앞에 쓴다.

EXERCISE 02

【정답】1. any other   2. to   3. more kind   4. further

【해석】1. 나는 수학을 어떤 다른 과목보다 좋아한다.

　　　　2. 샘은 영어에서 나보다 우월하다.

　　　　3. 그녀는 현명하기보다는 친절하다.

　　　　4. 나는 더 할 말이 없다.

【해설】2. -or로 끝나는 형용사에는 비교급에 to를 붙인다. 3. 한 가지 대상
의 두 가지 성격을 비교할 때 4. 정도의 비교급은 further

EXERCISE 03

【정답】1. as big as 2. as hard as possible

　　　　3. twice as heavy 4. less clean 5. the higher, the colder

EXERCISE 04

【정답】1. the, other boys 2. never, so expensive

　　　　3. No, other, longer, than 4. half 5. less 6. never, better

【해설】최상급 표현을 원급 및 비교급을 써서 나타내기

　　　　5. A rather than B

　　　　　　=more A than B

　　　　　　=less B than A

EXERCISE 05

【정답】1. He is taller than any other boy in his class.

　　　　2. Time is the most important of all.

　　　　3. No (other) scientist is as great as Einstein.

　　　　4. I prefer tea to coffee at breakfast.

Chapter 14 가정법(Subjunctive Mood)

EXERCISE 01

【정답】 1. were 2. had had 3. could 4. had been 5. would 6. were

7. returned 8. would 9. were 10. would have failed

【해석】 1. 우리 아들이 너의 아들만큼 현명했으면 좋을 텐데.

2. 어제 돈이 충분히 있었더라면 내가 그것을 샀을 텐데(못 샀다).

3. 내가 날개가 있다면 새처럼 너에게 날아갈 텐데(갈 수가 없다).

4. 내가 젊었을 때 성실했으면, 지금 더 행복할 텐데.

5. 내가 그의 주소를 안다면 편지를 쓸 텐데.

6. 만약 그가 믿을 만하다면, 나는 그를 고용할 것이다.

7. 이제 집에 돌아갈 때이다.

8. 현명한 사람이었더라면 자기 아이를 태만하게 내버려두지는 않았을 텐데.

9. 그는 어린 애기처럼 운다.

10. 너의 충고가 없었더라면 나는 시험에 떨어졌을 것이다.

【해설】 1. I wish+가정법 과거: 실현할 수 없는 소원을 나타냄.

2. yesterday가 있으므로 과거의 사실에 반대되는 일에 가정

3. 가정법 과거: could+동사원형

4. When I was young(내가 어렸을 때), 즉 과거의 사실에 반대되는 가정을 해야 하므로 가정법 과거완료 형태를 써야 한다. 조건절은 가정법 과거완료, 주절은 가정법 과거의 형태

5. 가정법 과거

6. 가정법 과거의 조건절 be 동사는 인칭에 관계없이 were를 쓴다.

7. **It is time** 다음에 가정법이 온다.

8. 주어가 조건절을 대신하는 가정법. 가정법 과거완료형이므로 would+have p.p.이다.

9. as if+가정법

10. Had it not been for=If it had not been for(~이 없다면) 가정법 과거완료

EXERCISE 02

【정답】 1. were an honest man 2. had given him good advice

　　　　 3. had been in my place 4. could accompany you

【해석】 1. 정직한 사람이라면 그녀를 속이지 않을 것이다. 2. 그녀의 좋은 충
고는 그의 목숨을 구할 수 있었을 것이다. 3. 네가 내 입장에 있었다면
어떻게 했었겠는가? 4. 당신가 동행하게 되다니 기쁩니다.

【해설】 단문 속에 숨어 있는 뜻을 가진 부분을 절로 환원하여 복문을 고치는
가정법. 1. 가정법 과거 2. 가정법 과거완료 3. 가정법 과거원료 4. 가
정법 과거

EXERCISE 03

【정답】 1. I wish Tom were here now.

　　　　 2. He treated me as if I were a baby.

　　　　 3. If we had gone by car, we would have arrived on time.

　　　　 4. If it were not raining, I could go shopping.

【해석】 1. 톰이 지금 여기에 있으면 좋을 텐데.

　　　　 2. 그는 나를 애기처럼 다룬다.

　　　　 3. 우리가 자동차로 갔더라면 제시간에 도착했을 텐데.

　　　　 4. 비가 오고 있지 않다면 나는 쇼핑을 갈 텐데.

【해설】 1. I wish 가정법

　　　　 2. as if 가정법

　　　　 3. 가정법 과거완료

　　　　 4. 가정법 과거

EXERCISE 04

【정답】 1. 시간이 좀 더 많으면 좋을 텐데.

　　　　 2. 너는 모든 것을 아는 것처럼 말한다.

3. 진실한 친구라면 이 상황에서 너를 도와주었을 텐데.

4. 우리가 결론을 내려야 할 때다.

5. 만약 그가 의사의 충고를 받아들였더라면 그는 아직 살아 있을지도 모를 텐데.

6. 우리가 기차를 놓치지 않았다면 우리는 회의에 정각에 도착했을 텐데.

Chapter 15 특수 구문(Inversion, Ellipsis, etc.)

EXERCISE 01

【정답】 1. Not a word did she say all day.

2. Under the bed lay a cat.

3. Neither can I.

【해석】 1. 그녀는 하루 종일 한마디도 하지 않았다.

2. 침대 아래에 고양이가 누워 있었다.

3. 나는 그녀의 이름을 기억할 수 없다. 나도 그래.

【해설】 1. 부정어가 문장 첫머리에 올 때, 문장의 동사가 일반동사라면 조동사 do를 주어 앞에 써서 도치함.

2. 「장소」를 나타내는 부사구가 문장 첫머리에 오면 주어와 동사를 도치함.

3. neither가 앞 문장의 내용보다 문장 첫머리에 오면 주어와 동사가 도치됨.

EXERCISE 02

【정답】 1. while (you are) eating

2. want to (study)

3. than (she was)

4. the moon (shines) at night.

【해석】 1. 먹으면서 말하지 마라.

2. 네가 공부하고 싶을 때 해라.

3. 그녀는 어제보다 오늘 건강이 훨씬 나아지셨다.

4. 태양은 아침에 뜨고 달은 밤에 뜬다.

【해설】 1. 부사절과 주절의 주어가 일치하면 부사절의 「주어+be 동사」 생략 가능.

2. 앞서 언급된 동사의 반복을 피하기 위해 to 부정사 뒤의 원형부정사 생략.

3. 비교구문에서 반복되는 어구를 생략함.

4. 반복되는 동사를 생략.

EXERCISE 03

【정답】 1. 자비로운 자들은 복이 있나니.

2. 꼭 우리와 함께 가자.

3. 대체 넌 뭘 마시고 있니?

4. 어떤 사람에게는 인생이 즐겁지만 다른 사람에게는 고통이다.

5. 그는 설사 교회에 나간다 해도 거의 가지 않는다.

6. 우리는 세계에서 가장 아름다운 대륙인 유럽에 살고 있다.

【해설】 1. 보어 형용사 강조: 주어와 동사를 도치함.

2. come을 강조.

3. 의문사 강조: '도대체'라는 의미. on earth, in the world 등은 의문사 바로 뒤에 위치함.

4. 반복을 피하기 위해 life is가 생략됨.

5. if ever: '설사~한다 할지라도'의 구가 삽입되어 있다.

6. Europe과 the most beautiful continent in the world가 동격.

Chapter 16 전치사(Preposition)

EXERCISE 01

【정답】 1. him
2. watching
3. danger
4. in
5. by
6. through
7. over
8. under
9. off
10. in front of
11. between
12. through
13. within
14. at
15. on

【해석】 1. 너는 그를 조심해야 한다.
2. 그녀는 TV 보는 것을 좋아한다.
3. 야생동물이 위험에 처해 있다.
4. 1주일 후에 보자.
5. 너는 일을 다음 주 월요일까지 끝내야 한다.
6. 일요일부터 월요일까지 내내 비가 내렸다.
7. 전등이 테이블 위에 걸려 있었다.
8. 그녀는 책상 아래에 전화기를 놓았다.
9. 잔디를 밟지 마세요.
10. 역 앞에는 많은 군중이 있었다.

11. 서울과 부산 사이의 거리를 아니?

12. 더운 날씨가 여름 내내 계속됐다.

13. 그 제품은 5시간 이내에 배달될 것이다.

14. 애기가 자정에 울고 있었다.

15. 그녀는 긴급한 사업 용건으로 나를 보러 왔다.

【해설】 1. 전치사 뒤에는 목적격

2. 전치사 뒤에 명사, 명사상당어구

3. 전치사 뒤에 명사

4. in이 기간을 나타내는 말 앞에 와서 '~후에'라는 뜻

5. 「동작, 상태 완료 기한」을 나타내는 전치사 by

6. '~동안 내내'라는 의미로 '기간 전체'를 나타내는 전치사

7. '(떨어진)~의 위에'라는 뜻의 over

8. '~아래에'의 under

9. '~로부터 떨어져'라는 뜻의 off

10. '~의 정면에'라는 뜻의 전치사구 in front of

11. between: (두 사람, 장소, 물건의)사이에(서)

12. through: 「기간 전체 동안」 내내

13. within:~이내에

14. at: 시점을 나타내는 전치사

15. on;~의 용건으로, ~차

EXERCISE 02

【정답】 1. 너는 무엇을 위해 영어를 배우고 있니?

2. 이것은 보스턴 가는 버스이니?

3. 그의 손가락은 추위로 감각이 없었다.

4. 우리는 팀워크로 인해 경기에서 이겼다.

5. 나를 제외한 그들 모두 그 파티에 갔다.

6. 나는 일하는 것에 싫증이 났다.

7. 그는 물속으로 뛰어들었다.

8. 그녀는 주머니에서 열쇠를 꺼냈다.

9. 치마는 무릎 아래여야 한다.

10. 그는 전 세계에 걸쳐 인기가 있다.

11. 그는 끝까지 충실했다.

12. 그녀는 놀랍게도 회의에 제시간에 도착했다.

13. 그녀는 세금 인상에 반대하는 표를 던졌다.

14. 나는 이메일로 그와 연락했다.

15. 나는 영문학에 대한 에세이를 썼다.

【해설】 1. 「목적, 추구」를 위하여, 위한

2. 「방향, 목적지」~를 향하여, ~행의

3. with: 「원인」~로, ~때문에

4. through: 「원인, 동기」~로 인하여

5. except for: ~를 제외하고

6. of: 「감정의 원인, 동기」~때문에, ~로

7. into: 「내부로의 운동, 방향」~안으로

8. out of: 「외부로의 운동, 방향」~의 (안에서)밖으로

9. below: ~보다 낮은 곳에

10. across: ~전역에 걸쳐

11. to: 「범위, 정도」~에 이르기까지

12. to: 「감정의 반응」~하게도

13. against: ~에 반대하는

14. by: ~으로써, ~으로(수단)

15. on: ~에 대하여

정효숙

성신여자 대학교 영어영문학과 졸업
성신여자대학교 대학원 영문학 석사
경희대학교 경영대학원 관광경영학 석사
숭실대학교 영문학 박사 (드라마 전공)
현) 서울 한영대학교 선교영어학과 교수

『College English』(1,2)
『열린 영어회화』(1,2)
『쉽게 배우는 영작문』
『(회화가 술술 되는)기초 영작문』
『릴리언 헬먼의 작품에 나타난 젠더 역할 연구』
『호텔영어』
「릴리언 헬먼의 〈작은 여우들〉과 〈숲의 저편〉에 관한 연구」
「올비의 〈누가 버지니아 울프를 두려워하랴?〉에서의 Martha관한 연구」
「Death of a Salesman과 The Crucible에 나타난 여성 인물 연구」
「Between Comedy and Tragedy: Measure for Measure, All's Well that Ends Well을 중심으로」
「Shakespeare의 Plutarch 연구」 외 다수

3주 만에

끝내는
영문법

초판인쇄 2020년 10월 23일
초판발행 2020년 10월 23일

지은이 정효숙
펴낸이 채종준
펴낸곳 한국학술정보㈜
주소 경기도 파주시 회동길 230(문발동)
전화 031) 908-3181(대표)
팩스 031) 908-3189
홈페이지 http://ebook.kstudy.com
전자우편 출판사업부 publish@kstudy.com
등록 제일산-115호(2000. 6. 19)

ISBN 979-11-6603-162-5 93740